Topografie
spielerisch trainieren

Katrin Minner

Freiarbeitsmaterial für den Erdkundeunterricht

Verlag an der Ruhr

Impressum

Titel

Topografie spielerisch trainieren
Freiarbeitsmaterial für den Erdkundeunterricht

Autorin

Katrin Minner

Titelbildmotiv

© fixer00 | Fotolia.com

Bildnachweis Innenteil

Fotolia.com: S. 41 Kölner Dom © Wolfgang Zwanzger; Wartburg © mbpicture; Schloss Neuschwanstein © bogdan mihai; Loreley © Hamster4711; Brandenburger Tor © Sergii Figurnyi; Frauenkirche © arnoldbagdasar; Zugspitze © Christa Eder; Holstentor © steschum; Hermannsdenkmal © rejopic; Hamburger Hafen © JS | S. 51–53 © sunt; © DR; © boldg; © romantiche | S. 74 Dampflok © TMAX; Lhasa © wusuowei; Moskau © Gina Sanders | S. 75 Dampflok © TMAX | S. 77 Straßenschild © Bernd Leitner | S. 81 u. 83 Weltkarte © mirpic | S. 84 Freiheitsstatue © Gina Sanders; Brandenburger Tor © kameraauge; Felsendom © Daniel Loretto; Christusstatue © dislentev; Eiffelturm © Marco Bonan; Pyramiden © donyanedomam; Taj Mahal © Alexandr; Big Ben © Marco Govel; Golden Gate Bridge © MasterLu; Sagrada Família © MasterLu; © Borobudur © sihasakprachum; Moschee Djenné © ulldellebre; Harbour Bridge © livetraveling | S. 85 Angkor Wat © f9photos; Königspalast © PeJo; © Hagia Sophia © miklyxa13; Petersdom © pix:sell; Auferstehungskirche © MixMotive; Capitol © Dave Newman; Machu Picchu © Mariusz Prusaczyk | S. 86 Weltkarte © mirpic; Kompassrose © Style Media & Design
Andere: S. 30 Wappen © Niedersächsische Staatskanzlei; Sächsische Staatskanzlei; Senatskanzlei Hamburg; Freie Hansestadt Bremen, Senatskanzlei; Staatskanzlei Rheinland-Pfalz; Bayerisches Staatsministerium des Innern, für Bau und Verkehr | S. 85 Atomium © Inga Deventer

Satz/Layout

www.qpunkt.eu

Verlag an der Ruhr
Mülheim an der Ruhr
www.verlagruhr.de

Geeignet für die Klassen 5–8

© Verlag an der Ruhr 2015
ISBN 978-3-8346-2768-1

Printed in Germany

Inhaltsverzeichnis

Inhaltsverzeichnis

Topografie Amerikas

Topografie Asiens

Topografie Australiens und Ozeaniens

Topografie der Welt

Liebe Kollegen*,

als Sie das letzte Mal mit dem Auto in den Urlaub gefahren sind – haben Sie da das Navi oder die gute, alte Karte benutzt? Ich bin mir sicher, Sie können mit beidem gleich gut umgehen, doch das gilt längst nicht für alle Menschen. Heutzutage nimmt kaum noch jemand die Karte zur Hand, in Zeiten von Smartphones, Tablets & Co. wird die Route in wenigen Sekunden berechnet – ohne dass die meisten wirklich eine Vorstellung haben, wo das Ziel überhaupt liegt. Aber was ist, wenn das Navi einmal streikt?

Darüber hinaus wird die Welt um uns herum dank der Globalisierung immer „kleiner" – wir hören von Naturkatastrophen und Kriegen in mehr oder weniger entfernten Ländern, kommunizieren mit Freunden rund um den Globus und verfolgen sportliche Ereignisse auf der anderen Seite der Welt.

Doch gerade der jüngeren Generation, unseren Schülern, fällt es immer schwerer, all dies topografisch einzuordnen. Es fehlt immer öfter an länderkundlicher Allgemeinbildung, viele Jugendliche haben kein Gespür mehr für Richtungen und Entfernungen und die Orientierung auf einer Landkarte fällt den meisten schwer.

Umso wichtiger ist es also, ihr topografisches Wissen und räumliches Orientierungsvermögen zu trainieren – doch obwohl dies in den Lehrplänen für das Fach Erdkunde als Kernkompetenz verankert ist, bleibt dafür im Unterricht viel zu oft viel zu wenig Zeit.

Aus diesem Grund ist der vorliegende Band mit **Freiarbeitsmaterialien** für die **Klassen 5 bis 8** entstanden. Dabei handelt es sich allerdings nicht um trockene Arbeitsblätter, sondern um verschiedenste **motivierende Lernspiele,** mithilfe derer die Schüler allein, zu zweit oder in kleinen Gruppen ihr **länderkundliches Wissen selbstständig trainieren** können. Von Deutschland über Europa bis hin zu allen Kontinenten der Welt wird jede Region in einem eigenen Kapitel behandelt.

Die Materialien müssen zwar zunächst etwas aufbereitet werden, aber das geht Ihnen sicherlich leicht von der Hand: **Durch geringen einmaligen Bastelaufwand** – z. B. ausschneiden und laminieren – können Sie eine **langlebige Sammlung von Spielen erstellen,** die sich immer wieder einsetzen lassen.

Was genau vorbereitet werden muss, steht in den **Hinweisen zu Vorbereitung und Einsatz der Materialien** gleich im Anschluss an das Vorwort. Dort finden Sie auch zu jedem Spiel Hinweise, ob zur Durchführung zusätzliche Materialien, wie z. B. ein Folienstift, Wäscheklammern oder Spielfiguren, benötigt werden. Des Weiteren erhalten Sie dort Tipps, wie sich das Spiel variieren lässt – für jede Spielart gibt es auf der beiliegenden CD eine **editierbare Blanko-Vorlage,** die es Ihnen ermöglicht, das jeweilige Spiel **beliebig zu erweitern oder auf eine spezielle Region oder ein spezielles Thema zuzuschneiden.**

Danach folgen die **Spielanleitungen.** Sie werden ebenfalls einmal laminiert und auseinandergeschnitten und dann zusammen mit den Spielmaterialien aufbewahrt, sodass die Schüler selbstständig nachlesen können, wie das jeweilige Spiel funktioniert (auch hierfür gibt es eine Blanko-Vorlage auf der CD, falls Sie eine Anleitung abwandeln oder neu schreiben möchten). Neben der Angabe zur Anzahl der Spieler und der genauen Spielbeschreibung wird auch hier aufgelistet, ob und welche Materialien benötigt werden. Sehr häufig steht ein **Atlas** dabei, denn bei den meisten Spielen dient er den Schülern **zur Selbstkontrolle.** So trainieren die Jugendlichen nebenbei auch noch auf spielerische Weise das Arbeiten mit Atlanten.

Nun kann es also losgehen: Wärmen Sie das Laminiergerät auf und nehmen Sie die Schere in die Hand! Sie werden sehen, **der Aufwand lohnt sich** – ich habe die Spiele selbst in meinem Unterricht ausprobiert und dabei festgestellt, dass meinen Schülern der kreative, spielerische Umgang mit topografischen Themen und die Arbeit mit diesen Materialien sehr viel Freude bereitet. Sie stellen erstaunt fest, dass sie Deutschland auf ganz neue Art und Weise (wieder-)entdecken, und sind stolz darauf, dass sie sich in Europa und der Welt immer besser orientieren und mit entsprechendem „Expertenwissen" glänzen können. Auch bringen sie immer wieder eigene Ideen ein, wenn es bspw. darum geht, die Quartett-Karten zu erweitern oder sich eine neue Variante eines Dominos auszudenken.

Noch ein praktischer Tipp zum Abschluss: Am besten bewahren Sie die fertigen Spiele mit den Anleitungen in einer **„Topografie-Box"** im Klassen- oder Fachraum auf, damit nichts verloren geht und die Schüler immer wissen, wo sie sich die Materialien herholen können, wenn Sie eine Freiarbeitsphase einläuten. Und natürlich lässt sich diese Spiele-Box auch sehr gut in Vertretungsstunden mitnehmen.

Ich wünsche Ihnen und Ihren Schülern in jedem Fall viel Spaß beim Ausprobieren, Spielen und Entdecken!

Katrin Minner

---

* Aus Gründen der besseren Lesbarkeit haben wir in diesem Buch durchgehend die männliche Form verwendet. Natürlich sind damit auch immer Frauen und Mädchen gemeint, also Lehrerinnen, Schülerinnen etc.

Hinweise zu Vorbereitung und Einsatz der Materialien

Topografie Deutschlands

1 **Deutschlands Bundesländer und Landeshauptstädte** (S. 27)

Vorbereitung: Laminieren Sie die Stecktabelle und schneiden Sie an den dicken Linien Schlitze hinein. Laminieren Sie auch die 16 Steckkarten und schneiden Sie diese einzeln aus.

Tipp: Am besten bewahren Sie die Steckkarten in einem Briefumschlag auf oder halten sie mit einem Gummiband zusammen, damit keine verloren geht.

Zusätzlicher Materialbedarf: Atlas, evtl. Briefumschlag oder Gummiband zur Aufbewahrung

Variationsmöglichkeiten: Eine solche Stecktabelle lässt sich auch **für andere Topografie-Abfragen mit klarer Zuordnung erstellen,** wie z.B. europäische Länder und ihre Hauptstädte, Hauptstädte und ihre Sehenswürdigkeiten etc.
 Auf der beiliegenden CD finden Sie dafür eine editierbare Blanko-Vorlage „Stecktabelle – einfache Zuordnung".

2 **In sieben Schritten zum Deutschland-Profi** (S. 29)

Vorbereitung: Laminieren Sie das Spielfeld.

Zusätzlicher Materialbedarf: 2–4 Spielfiguren, Atlas

Variationsmöglichkeiten: Die Aufgaben in den einzelnen Spielfeldern können natürlich **beliebig verändert** werden. Evtl. lassen Sie sogar die Schüler selbst Aufgaben erfinden und in die Felder notieren.
 Auf der beiliegenden CD finden Sie dafür eine editierbare Blanko-Vorlage „Deutschland-Profi". Auch lässt sich dieses Spiel genauso für andere Länder/Kontinente erstellen.

3 **Deutschlands Bundesländer im Wappen-Domino** (S. 30)

Vorbereitung: Laminieren Sie die Domino-Vorlage und schneiden Sie die einzelnen Karten aus.

Tipp: Am besten bewahren Sie die Domino-Karten in einem Briefumschlag auf oder halten sie mit einem Gummiband zusammen, damit keine verloren geht.

Zusätzlicher Materialbedarf: Atlas oder Übersicht der Bundesländer-Wappen als Lösung (falls der Atlas, mit dem an Ihrer Schule gearbeitet wird, keine solche Übersicht enthält), evtl. Briefumschlag oder Gummiband zur Aufbewahrung

Variationsmöglichkeiten: Ein solches Domino lässt sich auch **für andere Themenfelder erstellen,** z.B. Bundesländer und Landeshauptstädte.
 Auf der beiliegenden CD finden Sie dafür eine editierbare Blanko-Vorlage „Domino".

4 **Deutschlands Flüsse kreuz und quer** (S. 31)

Vorbereitung: Laminieren Sie die Zuordnungskarte.

Zusätzlicher Materialbedarf: 1 abwischbarer Folienstift, Atlas

Variationsmöglichkeiten: Eine solche Zuordnungskarte lässt sich auch **für andere Topografie-Abfragen erstellen,** wie z.B. Gebirge der Welt (Auf welchem Kontinent liegen sie?) etc.
 Auf der beiliegenden CD finden Sie dafür eine editierbare Blanko-Vorlage „Zuordnungskarte".

5 **Deutschlands Landschaften – Richtig oder falsch?** (S. 32)

Vorbereitung: Schneiden Sie die Klammerkarten aus, falten Sie sie entlang der gestrichelten Linie in der Mitte und laminieren Sie die Karten.

Zusätzlicher Materialbedarf: 6 Wäscheklammern, evtl. Atlas

Variationsmöglichkeiten: Die Aussagen lassen sich **beliebig abwandeln,** auch lassen sich solche Klammerkarten **für andere „Richtig oder falsch?"-Abfragen erstellen,** z.B. zur Topografie eines anderen Landes/Kontinents.
Auf der beiliegenden CD finden Sie dafür eine editierbare Blanko-Vorlage „Klammerkarte".

Hinweise zu Vorbereitung und Einsatz der Materialien

6 Norddeutsche Inseln kreuz und quer (S. 36)

Vorbereitung: Laminieren Sie die Zuordnungs-karte.

Zusätzlicher Materialbedarf: 1 abwischbarer Folienstift, Atlas

Variationsmöglichkeiten: Eine solche Zuordnungs-karte lässt sich auch **für andere Topografie-Abfragen erstellen**, wie z. B. Flüsse Europas (Durch welche Länder fließen sie?) oder Gebirge der Welt (Auf welchem Kontinent liegen sie?) etc.
Auf der beiliegenden CD finden Sie dafür eine editierbare Blanko-Vorlage „Zuordnungskarte".

7 Aufgedeckt: Deutschland und seine Mittelgebirge (S. 37)

Vorbereitung: Laminieren Sie die Vorlage und schneiden Sie die einzelnen Spielkarten aus-einander.
Tipp: Am besten bewahren Sie die Spielkarten in einem Briefumschlag auf oder halten sie mit einem Gummiband zusammen, damit keine verloren geht.

Zusätzlicher Materialbedarf: Atlas, evtl. Brief-umschlag oder Gummiband zur Aufbewahrung

Variationsmöglichkeiten: Um es am Anfang etwas einfacher zu gestalten, können die Karten auch sortiert werden, sodass z. B. nur Mittelgebirge aufgedeckt werden, zu denen dann der passende Berg genannt werden muss. Oder es werden nur Berge aufgedeckt und die Schüler müssen ledig-lich das passende Gebirge nennen. Es wird dann also **nur „in eine Richtung" gespielt**.
Alternativ können die Karten auch für ein **Memory®** eingesetzt werden.
Auch können Sie die **Lösungskontrolle einfacher gestalten,** wenn Sie die passenden Karten vor dem Laminieren zusammenkleben. Die Schüler lesen also die Vorderseite einer Karte, nennen den passenden Berg, das passende Gebirge und drehen die Karte zur Kontrolle einfach um.
Darüber hinaus lässt sich dieses Aufdeckspiel natürlich **beliebig erweitern** (z. B. um weitere Mittelgebirge speziell aus Ihrem Bundesland) oder

auch **auf andere Topografie-Abfragen anpassen,** wie z. B. europäische Länder und ihre höchsten Berge oder ihre Hauptstädte etc.
 Auf der beiliegenden CD finden Sie dafür eine editierbare Blanko-Vorlage „Aufdeckspielkarten – einfach".

8 Süddeutschland, ärgere dich nicht! (S. 38)

Vorbereitung: Kopieren Sie den Spielplan auf DIN-A3-Format und laminieren Sie ihn (evtl. markieren Sie die Felder zuvor farbig oder drucken die farbige Vorlage von der CD [s. u.] aus). Schneiden Sie die Ereigniskarten auseinander und falten Sie sie entlang der dicken gestrichelten Linie, bevor Sie auch diese laminieren.

Zusätzlicher Materialbedarf: 8–16 Spielfiguren (2–4 verschiedene Farben), 1 Würfel

Variationsmöglichkeiten: Die Ereigniskarten können **beliebig erweitert** oder verändert werden. Auch kann das Spiel **für andere Regionen** überall auf der Welt **abgewandelt** werden.
Auf der beiliegenden CD finden Sie dafür editierbare Blanko-Vorlagen „Ärgere dich nicht – Spielplan" und „– Ereigniskarten".
Bei diesem Spiel bietet es sich besonders an, die Schüler in die Erstellung neuer Ereigniskarten miteinzubeziehen, bspw. nachdem eine Region oder ein Land im Unterricht behandelt wurde.

9 Deutsche Sehenswürdigkeiten – Wo gibt's was zu sehen? (S. 41)

Vorbereitung: Laminieren Sie die Hinweiskarten und schneiden Sie sie auseinander. (Alternativ können Sie auch die farbige Variante von der CD ausdrucken.) Schneiden Sie außerdem die Verortungskarte aus, falten Sie sie entlang der dicken gestrichelten Linie und laminieren Sie auch diese, sodass die Lösung sich auf der Rückseite befindet.
Tipp: Am besten bewahren Sie die Hinweiskarten in einem Briefumschlag auf oder halten sie mit einem Gummiband zusammen, damit keine verloren geht.

Hinweise zu Vorbereitung und Einsatz der Materialien

Zusätzlicher Materialbedarf: 1–2 abwischbare (verschiedenfarbige) Folienstifte, evtl. Atlas, Briefumschlag oder Gummiband zur Aufbewahrung

Variationsmöglichkeiten: Die Hinweiskarten können **beliebig um weitere Sehenswürdigkeiten ergänzt** werden, auch Geburts- oder Schaffensorte berühmter Persönlichkeiten Deutschlands, wie z.B. Goethe, Luther etc., können hinzugenommen werden. Achten Sie darauf, in diesem Fall die Lösungskarte anzupassen.
🔘 Auf der beiliegenden CD finden Sie dafür eine editierbare Blanko-Vorlage „Hinweiskarten groß" sowie eine Blanko-Vorlage „Verortungskarte Deutschland".
Dieses Spiel kann natürlich auch **für andere Länder erstellt** werden.

⑩ Deutschland-Puzzle (S. 43)

Vorbereitung: Laminieren Sie die Puzzleteile und schneiden Sie sie dann einzeln aus.
Tipp: Am besten bewahren Sie die Puzzleteile in einem Briefumschlag auf, damit keines verloren geht.

Zusätzlicher Materialbedarf: Atlas, evtl. Briefumschlag zur Aufbewahrung

Variationsmöglichkeiten: Sie können dieses Material **in zwei Schwierigkeitsstufen erstellen:** Wenn Sie markieren, welches die Rückseite der Puzzleteile ist (z.B. indem Sie die Vorlage vor dem Laminieren auf farbiges Papier kleben), wird das Puzzlen leichter. Ist nicht zu erkennen, wo hinten und vorn ist, müssen die Schüler schon sehr tüfteln.

⑪ Deutschland-Quartett (S. 44)

Vorbereitung: Laminieren Sie die Quartett-Karten und schneiden Sie sie einzeln aus.
Tipp: Am besten bewahren Sie die Quartett-Karten in einem Briefumschlag auf oder halten sie mit einem Gummiband zusammen, damit keine verloren geht.

Zusätzlicher Materialbedarf: evtl. Briefumschlag oder Gummiband zur Aufbewahrung

Variationsmöglichkeiten: Dieses Material lässt sich **beliebig erweitern** (z.B. mit einem Quartett zu den Ostfriesischen Inseln, zu den Nordfriesischen Inseln, Flüssen in Nordrhein-Westfalen, Flüssen in Sachsen, Bergen in den Allgäuer Alpen, in den Berchtesgadener Alpen etc.), sodass man mit mehreren Spielern spielen kann. Ebenso lässt sich ein solches Quartett **für beliebige andere Länder oder Kontinente der Welt erstellen.**
🔘 Auf der beiliegenden CD finden Sie dafür eine editierbare Blanko-Vorlage „Quartett-Karten".

⑫ Deutschlands Nachbarn in der Mental Map (S. 48)

Vorbereitung: Kopieren Sie die Vorlage für die Mental Map auf DIN-A3-Format (damit die Schüler genug Platz haben, um die Ländernamen hineinzuschreiben) und laminieren Sie sie.

Zusätzlicher Materialbedarf: 1–2 abwischbare (verschiedenfarbige) Folienstifte, Atlas

Variationsmöglichkeiten: Das Spiel lässt sich **in verschiedenen Schwierigkeitsstufen erstellen:** Wenn Sie bspw. die sehr kleinen, weniger bekannten Länder, wie San Marino, Andorra etc., wegnehmen, wird das Spiel leichter – je weniger Länder einzusortieren sind, desto einfacher wird es.
🔘 Auf der beiliegenden CD finden Sie dafür eine editierbare Version dieser „Mental Map Europa".

Topografie Europas

⑬ Europas Hauptstädte – Richtig oder falsch? (S. 49)

Vorbereitung: Schneiden Sie die Klammerkarten aus, falten Sie sie entlang der gestrichelten Linie in der Mitte und laminieren Sie die einzelnen Karten.

Zusätzlicher Materialbedarf: 6 Wäscheklammern, evtl. Atlas

Variationsmöglichkeiten: Die Klammerkarten lassen sich **beliebig erweitern,** auch lassen sie sich leicht **für andere „Richtig oder falsch?"-Abfragen erstellen,** z. B. zu den Hauptstädten eines anderen Kontinents.

 Auf der beiliegenden CD finden Sie dafür eine editierbare Blanko-Vorlage „Klammerkarte".

14 Europas Länder im Flaggen-Domino (S. 51)

Vorbereitung: Laminieren Sie die Domino-Vorlage und schneiden Sie die einzelnen Karten aus.
Tipp: Am besten bewahren Sie die Domino-Karten in einem Briefumschlag auf oder halten sie mit einem Gummiband zusammen, damit keine verloren geht.

Zusätzlicher Materialbedarf: evtl. Übersicht der Länderflaggen als Lösung (falls der Atlas, mit dem an Ihrer Schule gearbeitet wird, keine solche Übersicht enthält), evtl. Briefumschlag oder Gummiband zur Aufbewahrung

Variationsmöglichkeiten: Sie können das Domino-Spiel **leichter gestalten,** indem Sie es auf die wichtigsten europäischen Länder begrenzen. Ein solches Domino lässt sich natürlich auch **für andere Kontinente erstellen.**

 Auf der beiliegenden CD finden Sie dafür eine editierbare Blanko-Vorlage „Domino".

15 Koordinaten-Jagd quer durch Europa (S. 54)

Vorbereitung: Schneiden Sie den Spielplan und die einzelnen Koordinatenkarten aus. Falten Sie Letztere zusammen, sodass sie eine Vorder- und eine Rückseite haben, und laminieren Sie sie, ebenso wie den Spielplan.
Tipp: Am besten bewahren Sie die Koordinaten-karten in einem Briefumschlag auf oder halten sie mit einem Gummiband zusammen, damit keine verloren geht.

Zusätzlicher Materialbedarf: 1 abwischbarer Folienstift, Atlas, evtl. Briefumschlag oder Gummi-band zur Aufbewahrung

Variationsmöglichkeiten: Um für Abwechslung zu sorgen, können Sie die **Orte** auf den Koordinatenkarten **austauschen** oder auch **zusätzliche Koordinatenkarten erstellen** (in dem Fall benötigen die Schüler allerdings auch mehr Linien zum Schreiben auf dem Spielplan).

 Auf der beiliegenden CD finden Sie dafür eine editierbare Blanko-Vorlage „Koordinatenkarten".

16 Aufgedeckt: Europäische Nachbarschaften (S. 55)

Vorbereitung: Schneiden Sie die Spielkarten auseinander, falten Sie sie entlang der dicken gestrichelten Linie und laminieren Sie sie anschließend.
Tipp: Am besten bewahren Sie die Spielkarten in einem Briefumschlag auf oder halten Sie mit einem Gummiband zusammen, damit keine verloren geht.

Zusätzlicher Materialbedarf: evtl. Atlas, evtl. Briefumschlag oder Gummiband zur Aufbewahrung

Variationsmöglichkeiten: Das Spiel kann ebenso **in die andere Richtung gespielt** werden – die Nachbarstaaten liegen aufgedeckt und die Schüler müssen das passende Land finden, das mit all diesen Staaten benachbart ist.
Wenn Sie die Karten nicht zu einer Vorder- und Rückseite falten, sondern in lauter einzelne Karten zerschneiden, kann auch **in beide Richtungen gespielt** werden. In diesem Fall wird ein Atlas zur Lösungskontrolle benötigt.
Darüber hinaus lässt sich dieses Aufdeckspiel natürlich **beliebig erweitern** oder auch **auf andere Kontinente anpassen.** Oder aber Sie erstellen Karten, bei denen gemeinsame Nachbarn gefunden werden müssen (z. B. Wie heißt der gemeinsame Nachbar von Uruguay und Argentinien?).

 Auf der beiliegenden CD finden Sie dafür eine editierbare Blanko-Vorlage „Aufdeckspielkarten – doppelseitig".

17 Europas Flüsse im Buchstabensalat (S. 56)

Vorbereitung: Laminieren Sie die Entschlüsselungskarte.

Zusätzlicher Materialbedarf: 1 abwischbarer Folienstift, Atlas

Variationsmöglichkeiten: Die Namen der Flüsse können **beliebig ausgetauscht** werden. Auch lässt sich das Spiel **für andere Flussverläufe erstellen,** z.B. für Flüsse auf anderen Kontinenten oder für Deutschlands Flüsse (Durch welche Bundesländer fließen sie?).
Auf der beiliegenden CD finden Sie dafür eine editierbare Blanko-Vorlage „Flüsse im Buchstabensalat".

18 Europa bergauf und bergab (S. 57)

Vorbereitung: Laminieren Sie die Vorlage und schneiden Sie die einzelnen Sortierkarten aus.
Tipp: Am besten bewahren Sie die Sortierkarten in einem Briefumschlag auf oder halten sie mit einem Gummiband zusammen, damit keine verloren geht.

Zusätzlicher Materialbedarf: Atlas, evtl. Briefumschlag oder Gummiband zur Aufbewahrung

Variationsmöglichkeiten: Hier können **beliebige Berge ergänzt oder ausgetauscht werden.** Auch lässt sich das Spiel leicht **für andere Regionen erstellen,** z.B. „Die Welt bergauf und bergab" oder auch „Deutschland bergauf und bergab". (Achten Sie dabei darauf, dass die Berge und Gebirge alle im Atlas – auch im Register – zu finden sind.)
Auf der beiliegenden CD finden Sie dafür eine editierbare Blanko-Vorlage „Sortierkarten bergauf und bergab".

Topografie Afrikas

19 Afrikas Länder im Silbenpuzzle (S. 58)

Vorbereitung: Laminieren Sie die Silbenpuzzlekarte.

Zusätzlicher Materialbedarf: 1 abwischbarer Folienstift, Atlas

Variationsmöglichkeiten: Sie können die **Ländernamen beliebig reduzieren,** um die Aufgabe leichter zu gestalten, oder auch ein Silbenpuzzle **für andere topografische Themen erstellen,** z.B. Länder Europas oder Flüsse Afrikas.
Auf der beiliegenden CD finden Sie dafür eine editierbare Blanko-Vorlage „Silbenpuzzle".

20 Afrikas Hauptstädte kreuz und quer (S. 59)

Vorbereitung: Laminieren Sie die Zuordnungskarte.

Zusätzlicher Materialbedarf: 1 abwischbarer Folienstift, Atlas

Variationsmöglichkeiten: Sie können die **Länder und Städte beliebig austauschen** (hier wurde bewusst eine Auswahl getroffen), außerdem lässt sich eine solche Zuordnungskarte auch **für andere Topografie-Abfragen erstellen,** wie z.B. Hauptstädte Südamerikas oder Hauptstädte der US-Bundesstaaten etc.
Auf der beiliegenden CD finden Sie dafür eine editierbare Blanko-Vorlage „Zuordnungskarte".

21 Unsortiertes Afrika – Was gehört wohin? (S. 60)

Vorbereitung: Laminieren Sie die Stecktabelle und schneiden Sie an den dicken Linien Schlitze hinein. Laminieren Sie auch die 30 Steckkarten und schneiden Sie diese einzeln aus.
Tipp: Am besten bewahren Sie die Steckkarten in einem Briefumschlag auf oder halten sie mit einem Gummiband zusammen, damit keine verloren geht.

Zusätzlicher Materialbedarf: Atlas, evtl. Briefumschlag oder Gummiband zur Aufbewahrung

Variationsmöglichkeiten: Eine solche Stecktabelle lässt sich auch **für andere Topografie-Abfragen mit klarer Zuordnung erstellen,** wie z.B. „Unsortiertes Europa" oder „Unsortiertes Deutschland". Dabei können Sie auch die **Kategorien der topografischen Informationen frei wählen** (z.B. „Hauptstadt" statt „Stadt" oder „Sehenswürdigkeit" statt „besondere Landschaft" etc.).
 Auf der beiliegenden CD finden Sie dafür eine editierbare Blanko-Vorlage „Stecktabelle – Mehrfach-Zuordnung".

---

22 | **Unterwegs in Afrika – Hast du den Dreh raus?** (S. 62)

Vorbereitung: Kopieren Sie die Bastelvorlage für die Drehscheibenhülle auf Pappe, schneiden Sie sie aus (die Sichtfenster am besten mit einem Cutter ausschneiden), falten Sie sie entlang der dicken gestrichelten Linien und kleben Sie sie an den grauen Klebelaschen von innen zusammen. Schneiden Sie außerdem die Drehscheibe aus, kleben Sie die Vorder- und Rückseite zusammen (Kontrollmarkierung beachten!) und laminieren Sie sie ggf. Stecken Sie dann die Scheibe in die Hülle und verbinden Sie beides mit einer Briefklammer in der Mitte (ggf. vorher mit dem Locher durchstanzen, damit die Scheibe sich später gut drehen kann).

Zusätzlicher Materialbedarf: evtl. Atlas

Variationsmöglichkeiten: Solche Drehscheiben können Sie **zu allen beliebigen Topografie-Abfragen erstellen.** Es bietet sich an, eine **neutrale Hülle** zu basteln (ohne spezifische Überschrift auf der Vorderseite) oder einfach „Topografie – Hast du den Dreh raus?" für die dann im Laufe der Zeit **ein ganzes Set an Drehscheiben** erstellt werden – durch die Briefklammer lassen sich die Scheiben in der Hülle immer wieder austauschen.
 Auf der beiliegenden CD finden Sie dafür die editierbaren Blanko-Vorlagen „Drehscheibenhülle" und „Drehscheibe".

Topografie Amerikas

23 | **Die Bundesstaaten der USA in der Rätselschlange** (S. 64)

Vorbereitung: Laminieren Sie die Rätselkarte.

Zusätzlicher Materialbedarf: 1 abwischbarer Folienstift, Atlas

Variationsmöglichkeiten: Eine solche Rätselschlange lässt sich **für beliebige andere topografische Namen** erstellen, z.B. für Länder Afrikas, Hauptstädte Südamerikas oder auch Flüsse Deutschlands.
 Auf der beiliegenden CD finden Sie dafür eine editierbare Blanko-Vorlage „Rätselschlange". In diese werden die Namen nach dem Ausdrucken einfach handschriftlich eingetragen.

---

24 | **Nordamerika im Trimino** (S. 65)

Vorbereitung: Laminieren Sie die Vorlage und schneiden Sie die einzelnen Trimino-Teile aus.
Tipp: Am besten bewahren Sie die Dreiecke in einem Briefumschlag auf oder halten sie mit einem Gummiband zusammen, damit keines verloren geht.

Zusätzlicher Materialbedarf: Atlas, evtl. Briefumschlag oder Gummiband zur Aufbewahrung

Variationsmöglichkeiten: Sie können die **Fragen beliebig austauschen.** Außerdem lässt sich ein solches Trimino **für andere topografische Themen und Regionen erstellen.**
Auf der beiliegenden CD finden Sie dafür eine editierbare Blanko-Vorlage „Trimino".

---

25 | **Koordinaten-Jagd quer durch Mittelamerika** (S. 66)

Vorbereitung: Schneiden Sie den Spielplan und die einzelnen Koordinatenkarten aus. Falten Sie Letztere zusammen, sodass sie eine Vorder- und eine Rückseite haben, und laminieren Sie sie, ebenso wie den Spielplan.

Tipp: Am besten bewahren Sie die Koordinaten-karten in einem Briefumschlag auf oder halten sie mit einem Gummiband zusammen, damit keine verloren geht.

Zusätzlicher Materialbedarf: 1 abwischbarer Folienstift, Atlas, evtl. Briefumschlag oder Gummiband zur Aufbewahrung

Variationsmöglichkeiten: Um für Abwechslung zu sorgen, können Sie die **Orte** auf den Koordinaten-karten **austauschen** oder auch **zusätzliche Koordinatenkarten erstellen** (in dem Fall benötigen die Schüler allerdings auch mehr Linien zum Schreiben auf dem Spielplan).

 Auf der beiliegenden CD finden Sie dafür eine editierbare Blanko-Vorlage „Koordinatenkarten".

---

(26) Südamerika-Rundreise mit maximaler Abwechslung (S. 67)

Vorbereitung: Schneiden Sie die Reiseplanungs-karte aus, falten Sie sie entlang der dicken gestrichelten Linie und laminieren Sie die Karte, sodass sich die Lösung auf der Rückseite befindet.

Zusätzlicher Materialbedarf: 1 abwischbarer Folienstift, Atlas

Variationsmöglichkeiten: Dieses Spiel lässt sich auch **für andere Regionen erstellen,** z.B. für die Bundesländer Deutschlands (mit Start in Berlin; Niedersachsen muss dann 2-mal durchreist werden dürfen) oder für die Staaten Afrikas (mit Start in Gambia).

---

(27) Aufgedeckt: Hauptstädte Südamerikas (S. 68)

Vorbereitung: Laminieren Sie die Vorlage und schneiden Sie die einzelnen Spielkarten aus-einander.
Tipp: Am besten bewahren Sie die Spielkarten in einem Briefumschlag auf oder halten sie mit einem Gummiband zusammen, damit keine verloren geht.

Zusätzlicher Materialbedarf: Atlas, evtl. Briefum-schlag oder Gummiband zur Aufbewahrung

Variationsmöglichkeiten: Um es am Anfang etwas einfacher zu gestalten, können die Karten auch sortiert werden, sodass z.B. nur Länder aufge-deckt werden, zu denen dann die Hauptstadt genannt werden muss. Oder es werden nur Hauptstädte aufgedeckt und die Schüler müssen lediglich das passende Land nennen. Es wird dann also **nur „in eine Richtung" gespielt.**
Alternativ können die Karten auch für ein **Memory®** eingesetzt werden.
Auch können Sie die **Lösungskontrolle einfacher gestalten,** wenn Sie die passenden Karten vor dem Laminieren zusammenkleben. Die Schüler lesen also die Vorderseite einer Karte, nennen die passende Hauptstadt oder das passende Land und drehen die Karte zur Lösungskontrolle einfach um.
Darüber hinaus lässt sich dieses Aufdeckspiel natürlich auch **für andere Topografie-Abfragen anpassen,** wie z.B. afrikanische Länder und ihre Hauptstädte.

 Auf der beiliegenden CD finden Sie dafür eine editierbare Blanko-Vorlage „Aufdeckspielkarten – einfach".

---

(28) Im Labyrinth durch die Landschaften Südamerikas (S. 69)

Vorbereitung: Schneiden Sie das Rätsel-Labyrinth aus, klappen Sie die Lösung nach hinten und laminieren Sie das Labyrinth anschließend, sodass das Lösungswort auf der Rückseite steht.

Zusätzlicher Materialbedarf: 1 abwischbarer Folienstift, Atlas

Variationsmöglichkeiten: Ein solches Rätsel-Labyrinth lässt sich **für alle beliebigen topografischen Themen und Regionen erstellen.**
Auf der beiliegenden CD finden Sie dafür eine editierbare Blanko-Vorlage „Rätsel-Labyrinth".
Für leistungsstärkere Schüler bietet es sich an, die Lösungsbuchstaben durcheinanderzuwürfeln (momentan werden sie in der richtigen Reihen-folge gesammelt), damit das Lösungswort nicht so leicht erkannt wird. Auf der Anleitungskarte sollte dann ein entsprechender Hinweis ergänzt werden, dass die Buchstaben noch in die richtige Reihenfolge gebracht werden müssen.

Topografie Asiens

29 Von Nahost bis Fernost – Richtig oder falsch? (S. 70)

Vorbereitung: Schneiden Sie die Klammerkarten aus, falten Sie sie entlang der dicken gestrichelten Linie in der Mitte und laminieren Sie die einzelnen Karten.

Zusätzlicher Materialbedarf: 6 Wäscheklammern, evtl. Atlas

Variationsmöglichkeiten: Die Klammerkarten lassen sich **beliebig erweitern,** auch lassen sie sich leicht **für andere „Richtig oder falsch?"-Abfragen erstellen,** z.B. zu den Flüssen oder den Inseln Asiens.
Auf der beiliegenden CD finden Sie dafür eine editierbare Blanko-Vorlage „Klammerkarte".

30 Südostasien im Länder-Sudoku (S. 73)

Vorbereitung: Schneiden Sie die Vorlage aus, klappen Sie die Lösung entlang der dicken, gestrichelten Linie nach hinten und laminieren Sie die Sudoku-Karte dann.

Zusätzlicher Materialbedarf: 1 abwischbarer Folienstift

Variationsmöglichkeiten: Ein solches Sudoku lässt sich **für alle möglichen topografischen Themen erstellen,** z.B. für die neun höchsten Berge der Welt, neun bekannte Städte Südamerikas oder auch neun Naturdenkmäler Australiens etc.
Auf der beiliegenden CD finden Sie dafür eine editierbare Blanko-Vorlage „Sudoku".

31 Mit dem Zug von Moskau zum Dach der Welt (S. 74)

Vorbereitung: Laminieren Sie die Reiseplanungs-karte sowie die Stationskarten und schneiden Sie Letztere einzeln aus.
Tipp: Am besten bewahren Sie die Stationskarten in einem Briefumschlag auf oder halten Sie mit
einem Gummiband zusammen, damit keine verloren geht.

Zusätzlicher Materialbedarf: Atlas, 1 abwischbarer Folienstift, evtl. Briefumschlag oder Gummiband zur Aufbewahrung

Variationsmöglichkeiten: Um das **Spiel zu verkürzen,** können Sie einige **Stationskarten entfernen.** Dabei sollten jedoch – neben Moskau und Lhasa – mindestens Ulan Ude, Peking und Xining im Spiel bleiben.

32 Asiens Berge kreuz und quer (S. 76)

Vorbereitung: Laminieren Sie die Zuordnungs-karte.

Zusätzlicher Materialbedarf: 1 abwischbarer Folienstift, Atlas

Variationsmöglichkeiten: Eine solche Zuordnungs-karte lässt sich **für beliebige andere Topografie-Abfragen erstellen,** wie z.B. Flüsse Asiens (Durch welche Länder fließen sie?).
Auf der beiliegenden CD finden Sie dafür eine editierbare Blanko-Vorlage „Zuordnungskarte".

Topografie Australiens und Ozeaniens

33 Eine Abenteuer-Rätselreise quer durch Australien (S. 77)

Vorbereitung: Schneiden Sie die Rätselkarte aus, klappen Sie die Lösung nach hinten und laminieren Sie die Karte anschließend, sodass das Lösungswort auf der Rückseite steht.

Zusätzlicher Materialbedarf: 1 abwischbarer Folienstift, Atlas

Variationsmöglichkeiten: Eine solche Rätsel-Entdeckungsreise lässt sich natürlich **für beliebige andere Regionen der Erde erstellen.** Ermutigen Sie Ihre Schüler, füreinander eigene kleine Rätselreisen zu entwickeln!

34 Ozeanien – Siehst du, was ich sehe? (S. 78)

Vorbereitung: Laminieren Sie die Vorlage und schneiden Sie die Suchkarten einzeln aus.
Tipp: Am besten bewahren Sie die Suchkarten in einem Briefumschlag auf oder halten sie mit einem Gummiband zusammen, damit keine verloren geht.

Zusätzlicher Materialbedarf: Atlas, evtl. Briefumschlag oder Gummiband zur Aufbewahrung

Variationsmöglichkeiten: Die zu suchenden **Inseln lassen sich beliebig austauschen oder ergänzen.** Auch kann ein solches Spiel **für andere Regionen der Erde erstellt** werden.
 Auf der beiliegenden CD finden Sie dafür eine editierbare Blanko-Vorlage „Suchkarten". Darüber hinaus lässt sich das Spiel auch so spielen, dass ein Schüler verdeckt eine Karte zieht, die Insel selbst im Atlas sucht und den Mitspielern dann einen Hinweis gibt, z. B.: „Ich sehe was, was du nicht siehst, und das liegt nördlich der Fidschi-Inseln" – Antwort: Tuvalu. In jedem Fall sollten Sie vorab kontrollieren, ob alle Inseln in Ihrem Atlas verzeichnet sind.

Topografie der Welt

35 Aufgedeckt: Länder der Welt im Umriss-Rätsel (S. 79)

Vorbereitung: Schneiden Sie die Spielkarten auseinander, falten Sie sie entlang der dicken gestrichelten Linie und laminieren Sie sie anschließend.
Tipp: Am besten bewahren Sie die Spielkarten in einem Briefumschlag auf oder halten sie mit einem Gummiband zusammen, damit keine verloren geht.

Zusätzlicher Materialbedarf: evtl. Atlas, evtl. Briefumschlag oder Gummiband zur Aufbewahrung

Variationsmöglichkeiten: Die ausgewählten Länder lassen sich **beliebig ersetzen oder auch erweitern.** Sie können auch **einzelne Sets zu den** verschiedenen Kontinenten erstellen („Länder Europas im Umriss-Rätsel", „Länder Südamerikas im Umriss-Rätsel" etc.).
 Auf der beiliegenden CD finden Sie dafür eine editierbare Blanko-Vorlage „Aufdeckspielkarten – doppelseitig".
Tipp: Da zum Erkennen der grobe Umriss ausreichend ist, können die Umrisskarten leicht per Hand skizziert werden, falls Sie keine entsprechenden Bilddateien vorliegen haben oder nicht im Internet suchen möchten.
Wenn Sie die Spielkarten nicht zu einer Vorder- und Rückseite falten, sondern in lauter einzelne Karten zerschneiden, können Sie das Spiel auch **in ein Memory® umwandeln.** Dazu müssen die Schüler sich die Länderumrisse aber schon sehr gut eingeprägt haben.

36 Feuer speiende Berge rund um die Welt (S. 81)

Vorbereitung: Laminieren Sie die Verortungskarte sowie die Hinweiskarten und schneiden Sie Letztere einzeln auseinander.
Tipp: Am besten bewahren Sie die Hinweiskarten in einem Briefumschlag auf oder halten sie mit einem Gummiband zusammen, damit keine verloren geht.

Zusätzlicher Materialbedarf: 1–2 abwischbare (verschiedenfarbige) Folienstifte, Atlas, evtl. Briefumschlag oder Gummiband zur Aufbewahrung

Variationsmöglichkeiten: Die Vulkane können **beliebig ausgetauscht oder ergänzt** werden.
Auf der beiliegenden CD finden Sie dafür eine editierbare Blanko-Vorlage „Hinweiskarten klein".

37 Segeltörn durch die Weltmeere (S. 82)

Vorbereitung: Laminieren Sie die Vorlage und schneiden Sie die Reiseetappen-Karten einzeln aus.
Tipp: Am besten bewahren Sie die Reiseetappen-Karten in einem Briefumschlag auf oder halten sie mit einem Gummiband zusammen, damit keine verloren geht.

Zusätzlicher Materialbedarf: Atlas, evtl. Briefumschlag oder Gummiband zur Aufbewahrung

Variationsmöglichkeiten: Die Kärtchen können **durch weitere Meere, Meerengen etc. erweitert** werden.

 Auf der beiliegenden CD finden Sie dafür eine editierbare Blanko-Vorlage „Reiseetappen-Karten".
In jedem Fall sollten Sie vorab kontrollieren, ob alle Meere, Meerengen etc. in Ihrem Atlas verzeichnet sind.

38 Anpfiff weltweit: Jetzt wird's sportlich! (S. 83)

Vorbereitung: Laminieren Sie die Vorlage.

Zusätzlicher Materialbedarf: 1 abwischbarer Folienstift (möglichst nicht schwarz), Atlas

Variationsmöglichkeiten: Solche thematischen Weltkarten können Sie die Schüler **auch zu anderen Themen erstellen** lassen, z. B. zu den Austragungsländern/-städten der Olympischen Spiele oder zu den Siegerländern der Fußball-Weltmeisterschaften.

 Auf der beiliegenden CD finden Sie dafür eine editierbare Blanko-Vorlage „Thematische Weltkarte".

39 Sehenswürdigkeiten der Welt im Städte-Memory® (S. 84)

Vorbereitung: Laminieren Sie die Memory®-Karten und schneiden Sie sie einzeln aus. Laminieren Sie außerdem den Kontrollstreifen.

 Auf der beiliegenden CD finden Sie auch eine farbige Variante.

Tipp: Am besten bewahren Sie die Memory®-Karten zusammen mit dem Kontrollstreifen in einem Briefumschlag auf oder halten sie mit einem Gummiband zusammen, damit keine verloren geht.

Zusätzlicher Materialbedarf: Atlas, evtl. Briefumschlag oder Gummiband zur Aufbewahrung

Variationsmöglichkeiten: Sie können die **Sehenswürdigkeiten beliebig austauschen und ergänzen.** Darüber hinaus eignet sich ein solches Memory® auch **für viele andere topografische Themen,** z. B. Länder und ihre Hauptstädte, Länder und ihre Flaggen, Gebirge und ihre höchsten Gipfel, Flüsse und die Länder, in denen sie entspringen etc.

 Auf der beiliegenden CD finden Sie dafür eine editierbare Blanko-Vorlage „Memory".

40 Weltkarten-Puzzle (S. 86)

Vorbereitung: Laminieren Sie die Vorlage und schneiden Sie die Weltkarte entlang der gestrichelten Linien in 32 Puzzleteile.
Tipp: Am besten bewahren Sie die Puzzleteile in einem Briefumschlag auf, damit keines verloren geht.

Zusätzlicher Materialbedarf: evtl. Atlas, evtl. Briefumschlag zur Aufbewahrung

Variationsmöglichkeiten: Sie können das Puzzle **leichter oder schwerer gestalten,** indem Sie die Weltkarte **in weniger oder mehr Teile zerschneiden.**

 Auf der beiliegenden CD finden Sie dafür eine Vorlage „Weltkarten-Puzzle" ohne vorgegebene Schneidelinien.

Topografie Deutschlands

① Deutschlands Bundesländer und Landeshauptstädte

Spieler: 1–2

Material: Stecktabelle und Steckkarten, Atlas zur Lösungskontrolle

So geht's: Ordne die Landeshauptstädte den Bundesländern zu und stecke die Steckkarten entsprechend in die Schlitze in der Tabelle. Überprüfe deine Lösungen mithilfe des Atlas.

Ihr könnt auch zu zweit spielen: Zunächst ordnet der eine Spieler die Landeshauptstädte zu, danach der andere. Dabei stoppt ihr die Zeit – wer schafft es am schnellsten, alle 16 Städte richtig in die Tabelle zu stecken?

② In sieben Schritten zum Deutschland-Profi

Spieler: 2–4

Material: Spielplan, 1 Spielfigur je Spieler, Atlas zur Lösungskontrolle

So geht's: Stellt eure Spielfiguren auf das Startfeld. Derjenige Spieler, der als nächster Geburtstag hat, beginnt: Er geht ein Feld vor und erfüllt die darauf stehende Aufgabe. Hat der Spieler die Aufgabe erfolgreich gelöst, darf er in der nächsten Runde zum nächsten Feld vorrücken und mit der dort beschriebenen Aufgabe weitermachen. Falls nicht, muss er in der nächsten Runde die Aufgabe von Schritt 1 wiederholen. Er darf dann selbst den Atlas zu Hilfe nehmen. In jedem Fall sind zunächst die anderen Spieler an der Reihe, bis die erste Runde zu Ende ist. Wer schließlich als Erster das Zielfeld erreicht, gewinnt.

③ Deutschlands Bundesländer im Wappen-Domino

Spieler: 2

Material: 32 Domino-Karten, Atlas (oder separate Wappen-Übersicht) zur Lösungskontrolle

So geht's: Mischt die Domino-Karten gut durch und legt sie verdeckt auf einen Stapel. Jeder Spieler erhält sechs Karten, außerdem wird eine Karte vom Stapel als Startkarte in der Mitte aufgedeckt.
Der jüngste Spieler beginnt: Er legt eine seiner Domino-Karten an die Startkarte, wobei dort, wo sich die Karten berühren, das passende Wappen neben dem dort stehenden Bundesland liegen muss. Es ist egal, an welcher der beiden Seiten der Startkarte angelegt wird. Dann ist der nächste Spieler an der Reihe. Wer keine passende Karte zum Anlegen hat, zieht eine neue vom Stapel. Wer zuerst alle seine Karten richtig angelegt hat, gewinnt.

④ Deutschlands Flüsse kreuz und quer

Spieler: 1

Material: Zuordnungskarte, Folienstift, Atlas zur Lösungskontrolle

So geht's: Auf der linken Seite der Zuordnungskarte stehen verschiedene Flüsse Deutschlands. Weißt du, durch welche Bundesländer sie fließen? Verbinde die Flüsse mit den passenden Bundesländern rechts. Achtung: Hier sind Mehrfachnennungen möglich (entweder weil ein Fluss durch mehrere Bundesländer fließt oder weil er als Grenzfluss an zwei Länder gleichzeitig grenzt)!
Kontrolliere deine Lösungen mithilfe des Atlas.

© Verlag an der Ruhr | Autorin: Katrin Minner | ISBN 978-3-8346-2768-1 | www.verlagruhr.de

Topografie Deutschlands

5 Deutschlands Landschaften – Richtig oder falsch?

Spieler: 1

Material: Klammerkarten, 6 Wäscheklammern, evtl. Atlas als Hilfestellung

So geht's: Entscheide für jede Aussage auf der Karte, ob sie richtig oder falsch ist, und hefte die Klammern entsprechend an den Rand. Wenn du unsicher bist, kannst du im Atlas nachschauen! Überprüfe deine Lösungen auf der Rückseite. Drehe die Karte aber erst um, wenn du an allen sechs Aussagen eine Klammer angeheftet hast!

6 Norddeutsche Inseln kreuz und quer

Spieler: 1

Material: Zuordnungskarte, Folienstift, Atlas zur Lösungskontrolle

So geht's: Auf der linken Seite der Zuordnungskarte stehen verschiedene norddeutsche Inseln. Weißt du, in welchem Meer sie liegen und zu welchem Bundesland sie gehören? Verbinde die Inseln mit dem passenden Meer in der Mitte und dann mit dem passenden Bundesland rechts. Kontrolliere deine Lösungen mithilfe des Atlas.

7 Aufgedeckt: Deutschland und seine Mittelgebirge

Spieler: 1–2

Material: Spielkarten mit Bergen und Gebirgen, Atlas zur Lösungskontrolle

So geht's: Die Karten werden gemischt und verdeckt auf einen Stapel gelegt. Der ältere Spieler deckt die erste Karte auf und liest vor, was darauf steht. Ist es der Name eines Mittelgebirges, muss der Partner dessen höchsten Berg nennen. Steht ein Berg auf der Karte, muss der Partner das Mittelgebirge nennen, in dem er liegt. Der Spieler, der die Karte aufgedeckt hat, kontrolliert die Antwort mithilfe des Atlas. War sie richtig, erhält der Partner die Karte als Punkt (wenn nicht, wird sie zur Seite gelegt). Dann deckt der andere Spieler eine Karte auf und der erste Spieler muss das passende Gebirge oder den passenden Berg nennen. Sobald alle Karten aufgedeckt wurden, werden die Punkte gezählt. Du kannst auch mit dir allein spielen und einen eigenen Punkterekord aufstellen!

8 Süddeutschland, ärgere dich nicht!

Spieler: 2–4

Material: Spielplan, 4 Spielfiguren pro Spieler, 1 Würfel, Ereigniskarten

So geht's: Gespielt wird nach den bekannten „Mensch, ärgere dich nicht!®"-Regeln. Allerdings befinden sich auf diesem Spielplan einige Ereignisfelder. Setzt ein Spieler seine Figur auf ein solches Feld, zieht der Spieler rechts neben ihm eine Ereigniskarte (diese liegen verdeckt in zwei Stapeln auf den „Ereigniskarten"-Feldern) und liest die darauf stehende Aufgabe vor. Kann der Spieler, dessen Figur auf dem Ereignisfeld steht, die Frage richtig beantworten, darf er noch einmal würfeln. Beantwortet er sie falsch, muss er die nächste Runde aussetzen. In jedem Fall kommt die Karte zurück unter einen der beiden Stapel. Wer zuerst alle Figuren „nach Hause" gebracht hat, gewinnt.

© Verlag an der Ruhr | Autorin: Katrin Minner | ISBN 978-3-8346-2768-1 | www.verlagruhr.de

Topografie Deutschlands

9 Deutsche Sehenswürdigkeiten – Wo gibt's was zu sehen?

Spieler: 1–2

Material: Hinweiskarten, Verortungskarte, 1–2 (verschiedenfarbige) Folienstifte, evtl. Atlas als Hilfestellung

So geht's: Auf den Hinweiskarten findest du Informationen über einige der wichtigsten Sehenswürdigkeiten Deutschlands, auch darüber, wo in Deutschland sie sich befinden. Kannst du sie topografisch richtig verorten? Trage die Nummern der Sehenswürdigkeiten in die Verortungskarte ein. Bei Bedarf kannst du den Atlas zu Hilfe nehmen.
Kontrolliere dein Ergebnis mit der Lösung auf der Rückseite der Karte.
Wenn ihr zu zweit spielen wollt, mischt ihr die Hinweiskarten durch und teilt sie verdeckt untereinander auf. Jeder markiert seine Sehenswürdigkeiten mit einer anderen Farbe auf der Verortungskarte. Wer die meisten „Treffer" landet, gewinnt.

10 Deutschland-Puzzle

Spieler: 1–2

Material: 16 Bundesländer als Puzzleteile, Atlas zur Lösungskontrolle

So geht's: Mische die Puzzleteile gut durch und versuche dann, die Deutschlandkarte richtig zusammenzusetzen. Wenn du denkst, alles ist an Ort und Stelle, überprüfe deine Lösung mithilfe des Atlas.
Wenn ihr zu zweit spielen wollt, seid ihr hintereinander dran: Stoppt die Zeit – wer hat es am schnellsten geschafft, alle Bundesländer richtig zusammenzusetzen?
Ihr könnt anschließend auch versuchen, die Bundesländer richtig zu benennen: Habt ihr alle Namen im Kopf? Weist abwechselnd je einem Puzzleteil seinen Namen zu. Auch hier könnt ihr im Atlas nachschlagen, ob ihr alle Bundesländer richtig benannt habt.

11 Deutschland-Quartett

Spieler: 3–5

Material: Quartett-Karten

So geht's: Mischt die Karten gut durch und teilt sie verdeckt untereinander auf. Je nach Zahl der Spieler kann es passieren, dass nicht alle gleich viele Karten erhalten. Das Ziel ist, so viele vollständige Quartette (also je vier zusammengehörige Karten derselben Kategorie) zu ergattern wie möglich. Der jüngste Spieler beginnt. Er darf einen beliebigen Mitspieler nach einer bestimmten Karte fragen, die er sucht, z.B. „Nordsee-Inseln 2". Besitzt der Gefragte die Karte, muss er sie aushändigen und der erste Spieler ist noch einmal an der Reihe, nachdem er den auf der Karte stehenden Infotext vorgelesen hat. Besitzt der Gefragte die Karte nicht, darf er stattdessen nach einer für ihn hilfreichen Karte fragen. Hat jemand ein Quartett zusammen, legt er es offen auf den Tisch. Wer am Ende die meisten Quartette gesammelt hat, gewinnt.

12 Deutschlands Nachbarn in der Mental Map

Spieler: 1–2

Material: Mental-Map-Vorlage, 1–2 (verschiedenfarbige) Folienstifte, Atlas zur Lösungskontrolle

So geht's: Stelle dir vor, die Mental Map wäre eine Europakarte. Deutschland ist schon eingetragen. Deine Aufgabe ist es nun, alle Länder, die um die Mental Map herum stehen, in der Karte zu verorten. Überlege bei jedem Land: Liegt es eher nordwestlich/nordöstlich etc. von Deutschland? Grenzt es direkt an Deutschland oder liegt es weiter weg? Kontrolliere dein Ergebnis mithilfe des Atlas! Bei zwei Spielern seid ihr abwechselnd an der Reihe: Der größere Spieler fängt an. Er wählt eines der Länder am Rand, streicht es durch und trägt es in die Mental Map ein. Dann ist der andere Spieler an der Reihe usw. Sobald alle Länder verortet sind, wird mit dem Atlas kontrolliert. Für jedes Land, das im richtigen Quadranten eingetragen wurde, erhält der jeweilige Spieler einen Punkt.

© Verlag an der Ruhr | Autorin: Katrin Minner | ISBN 978-3-8346-2768-1 | www.verlagruhr.de

Topografie Europas

13 Europas Hauptstädte – Richtig oder falsch?

Spieler: 1

Material: Klammerkarten, 6 Wäscheklammern, evtl. Atlas als Hilfestellung

So geht's: Entscheide für jede Aussage auf der Karte, ob sie richtig oder falsch ist, und hefte die Klammern entsprechend an den Rand. Wenn du unsicher bist, kannst du im Atlas nachschauen! Überprüfe deine Lösungen auf der Rückseite. Drehe die Karte aber erst um, wenn du an allen sechs Aussagen eine Klammer angeheftet hast!

14 Europas Länder im Flaggen-Domino

Spieler: 2

Material: 92 Domino-Karten, Atlas (oder separate Flaggen-Übersicht) zur Lösungskontrolle

So geht's: Mischt die Domino-Karten gut durch und legt sie verdeckt auf einen Stapel. Jeder Spieler erhält zwölf Karten, außerdem wird eine Karte vom Stapel als Startkarte in der Mitte aufgedeckt.
Der jüngste Spieler beginnt: Er legt eine seiner Domino-Karten an die Startkarte, wobei dort, wo sich die Karten berühren, die passende Flagge neben dem dort stehenden europäischen Land liegen muss. Es ist egal, an welcher der beiden Seiten der Startkarte angelegt wird. Dann ist der nächste Spieler an der Reihe. Wer keine passende Karte zum Anlegen hat, zieht eine neue vom Stapel.
Wer zuerst alle seine Karten richtig angelegt hat, gewinnt.

15 Koordinaten-Jagd quer durch Europa

Spieler: 1–2

Material: Spielplan, Koordinatenkarten, Atlas als Hilfestellung, Folienstift

So geht's: Stellt euch vor, ihr verfolgt als Geheimagenten einen Bösewicht, in dessen Koffer ihr einen Peilsender versteckt habt. Dieser sendet in regelmäßigen Abständen die geografischen Koordinaten, an denen sich die Zielperson gerade befindet. Mischt die Koordinatenkarten und legt sie mit den Koordinaten nach oben in eine Reihe untereinander. Der erste Agent findet mit dem Atlas heraus, welcher Ort sich hinter den Koordinaten der obersten Karte versteckt. Tragt den Ort links auf dem Spielplan ein und macht dafür in der Landkarte ein Kreuz. Dann ist der zweite Agent mit der nächsten Karte an der Reihe usw. Dreht am Ende die Koordinatenkarten um und vergleicht die angegebenen Orte mit eurer Route – wart ihr auf der richtigen Spur?
Es kann auch ein Agent allein auf Verfolgungsjagd gehen!

16 Aufgedeckt: Europäische Nachbarschaften

Spieler: 1–2

Material: Spielkarten mit europäischen Ländern und ihren Nachbarstaaten, evtl. Atlas als Hilfestellung

So geht's: Die Karten werden gemischt und so auf einen Stapel gelegt, dass die Seite mit nur einem Land nach oben zeigt. Der Spieler, der zuletzt Geburtstag hatte, beginnt: Er nennt zu dem Land auf der obersten Karte alle Nachbarstaaten, die direkt an dieses Land grenzen. Der Partner kontrolliert, indem er auf der Rückseite der Karte nachsieht. War die Antwort richtig, erhält der erste Spieler die Karte als Punkt (wenn nicht, wird sie zur Seite gelegt). Dann nennt der zweite Spieler die Nachbarstaaten zu dem Land auf der nächsten Karte usw. Sobald alle Karten aufgedeckt wurden, werden die Punkte gezählt. Du kannst auch mit dir allein spielen und einen eigenen Punkterekord aufstellen!

© Verlag an der Ruhr | Autorin: Katrin Minner | ISBN 978-3-8346-2768-1 | www.verlagruhr.de

Topografie Europas/**Topografie Afrikas**

⑰ Europas Flüsse im Buchstabensalat

Spieler: 1

Material: Entschlüsselungskarte, Folienstift, Atlas

So geht's: Auf der linken Seite der Karte stehen einige Flussnamen – dabei sind allerdings die Buchstaben ganz schön durcheinandergeraten. Kannst du sie entschlüsseln? Nimm den Atlas zu Hilfe, falls nötig.
Sobald du einen Fluss entschlüsselt hast, gilt es herauszufinden, durch welche Länder dieser von der Quelle bis zur Mündung fließt. Versuche es zunächst aus dem Kopf und schaue dann im Atlas nach. Achtung: Es sind nur die Länder gesucht, durch die der Fluss wirklich hindurchfließt, aber keine Länder, an denen er nur als Grenze entlangverläuft.
Trage schließlich auch ein, in welches Meer der jeweilige Fluss mündet!

⑱ Europa bergauf und bergab

Spieler: 1–2

Material: Sortierkarten mit Bergen, Höhen und Gebirgen, Atlas als Hilfestellung

So geht's: Breite die Karten bunt gemischt vor dir aus. Sortiere nun immer drei passende Karten zusammen – also einen Berg, seine Höhe und das Gebirge, in dem er liegt. Nimm dabei den Atlas zu Hilfe. Sortiere die Berge anschließend der Höhe nach und lege sie dementsprechend untereinander.
Ihr könnt auch zu zweit einen kleinen Wettkampf veranstalten: Breitet wie oben beschrieben die Karten zwischen euch aus. Dann geht es auf Zeit – jeder versucht, so schnell wie möglich mithilfe des Atlas Sets mit drei passenden Karten zu finden. Diese Sets darf er aus der Mitte nehmen und vor sich legen. Wenn alle Karten aus der Mitte wegsortiert wurden, wird gezählt: Wer die meisten (richtigen!) Sets gefunden hat, ist Gipfelkönig!

⑲ Afrikas Länder im Silbenpuzzle

Spieler: 1

Material: Silbenpuzzlekarte, Folienstift, Atlas als Hilfestellung

So geht's: Auf der Silbenpuzzlekarte stehen alle Länder des afrikanischen Kontinents (ohne Inselstaaten) – allerdings sind die Namen ganz schön durcheinandergeraten. Kannst du die einzelnen Silben wieder richtig zusammensetzen? Verbinde die zusammengehörigen Puzzleteile, bis du alle Ländernamen wiederhergestellt hast. Der Atlas hilft dir dabei!

⑳ Afrikas Hauptstädte kreuz und quer

Spieler: 1

Material: Zuordnungskarte, Folienstift, Atlas zur Lösungskontrolle

So geht's: Auf der linken Seite der Zuordnungskarte stehen verschiedene afrikanische Hauptstädte. Weißt du, zu welchem Land sie gehören? Verbinde jede Stadt mit dem passenden Land und kontrolliere deine Lösungen mithilfe des Atlas.

© Verlag an der Ruhr | Autorin: Katrin Minner | ISBN 978-3-8346-2768-1 | www.verlagruhr.de

Topografie Afrikas/**Topografie Amerikas**

21 Unsortiertes Afrika – Was gehört wohin?

Spieler: 1

Material: Stecktabelle und Steckkarten, Atlas als Hilfestellung

So geht's: Stecke die Steckkarten so in die Schlitze der Tabelle, dass in jeder Zeile links ein Land und rechts daneben die passenden topografischen Informationen stecken. Welche Stadt liegt in dem Land? Welches Gewässer ist dort zu finden? Welcher Berg oder welches Gebirge liegt dort, und welche besondere Landschaft gibt es in dem Land zu entdecken?
Nimm den Atlas zu Hilfe!

22 Unterwegs in Afrika – Hast du den Dreh raus?

Spieler: 1–2

Material: Drehscheibe mit Hülle und Briefklammer, evtl. Atlas als Hilfestellung

So geht's: In der Drehscheibenhülle verbergen sich zwölf Fragen rund um die Topografie Afrikas. Du kannst sie im Sichtfenster auf der Vorderseite sehen, wenn du die Scheibe am oberen Rand drehst. Überlege dir die Antwort zur ersten Frage (falls nötig, kannst du den Atlas zu Hilfe nehmen) und überprüfe sie dann mithilfe der Lösung im Sichtfenster auf der Rückseite. Drehe die Scheibe dann zur nächsten Frage weiter etc.
Ihr könnt euch auch zu zweit gegenseitig abwechselnd abfragen!

23 Die Bundesstaaten der USA in der Rätselschlange

Spieler: 1

Material: Rätselkarte, Folienstift, Atlas als Hilfestellung

So geht's: In der Rätselschlange verstecken sich die Namen aller 50 Bundesstaaten der USA. Erkennst du, wo ein Name aufhört und der nächste beginnt? Versuche, alle Bundesstaaten zu finden, und zeichne Trennstriche zwischen die einzelnen Namen ein. Ein paar erkennst du bestimmt schnell, bei den anderen kannst du dir im Atlas Hilfe holen!

24 Nordamerika im Trimino

Spieler: 1–2

Material: Trimino-Dreiecke, Atlas als Hilfestellung

So geht's: Lege die 16 Dreiecke so zusammen, dass ein großes, gleichseitiges Dreieck – ein Trimino – entsteht. Dabei müssen immer da, wo zwei Dreiecke aneinander grenzen, die Informationen zusammenpassen: Auf der einen Seite der Dreiecksgrenze steht eine Frage/Beschreibung und auf der anderen die passende Antwort. Der Atlas hilft dir, herauszufinden, welche Dreiecke zusammengehören.
Ihr könnt das Trimino auch zu zweit zusammenlegen!

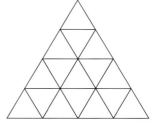

© Verlag an der Ruhr | Autorin: Katrin Minner | ISBN 978-3-8346-2768-1 | www.verlagruhr.de

Topografie Amerikas

25 Koordinaten-Jagd quer durch Mittelamerika

Spieler: 1–2

Material: Spielplan, Koordinatenkarten, Atlas als Hilfestellung, Folienstift

So geht's: Stellt euch vor, ihr verfolgt als Geheimagenten einen Bösewicht, in dessen Koffer ihr einen Peilsender versteckt habt. Dieser sendet regelmäßig die geografischen Koordinaten, an denen sich die Zielperson gerade befindet. Mischt die Koordinatenkarten und legt sie mit den Koordinaten nach oben in eine Reihe untereinander. Der erste Agent findet mit dem Atlas heraus, welche mittelamerikanische Hauptstadt sich hinter den Koordinaten der obersten Karte versteckt. Tragt die Stadt (und das Land) unten auf dem Spielplan ein und macht dafür in der Landkarte ein Kreuz. Dann ist der zweite Agent mit der nächsten Karte an der Reihe usw. Dreht am Ende die Koordinatenkarten um und vergleicht die angegebenen Städte mit eurer Route – wart ihr auf der richtigen Spur? Es kann auch ein Agent allein auf Verfolgungsjagd gehen!

26 Südamerika-Rundreise mit maximaler Abwechslung

Spieler: 1

Material: Reiseplanungskarte, Folienstift, Atlas als Hilfestellung

So geht's: Stelle dir vor, du planst eine Südamerika-Rundreise. Dabei startest du von der mittelamerikanischen Landbrücke und möchtest nun alle Länder des südamerikanischen Kontinents besuchen – allerdings willst du durch kein Land doppelt reisen, um deine Reisezeit bestmöglich auszunutzen. Findest du einen Weg, der diese Vorgaben erfüllt? Zeichne die Route in die Karte ein und notiere dann bei „Reiseverlauf" die Ländernamen in der Reihenfolge, in der du sie bereist. Der Atlas kann dir dabei helfen. Kontrolliere dein Ergebnis mit der Lösung auf der Rückseite der Karte!

27 Aufgedeckt: Hauptstädte Südamerikas

Spieler: 1–2

Material: Spielkarten mit Ländern und Hauptstädten, Atlas zur Lösungskontrolle

So geht's: Die Karten werden gemischt und verdeckt auf einen Stapel gelegt. Der ältere Spieler beginnt: Er deckt die erste Karte auf und liest vor, was darauf steht. Ist es der Name eines Landes, muss der Partner dessen Hauptstadt nennen. Steht eine Hauptstadt auf der Karte, muss der Partner das dazugehörige Land nennen. Der Spieler, der die Karte aufgedeckt hat, kontrolliert die Antwort mithilfe des Atlas. War sie richtig, erhält der Partner die Karte als Punkt (wenn nicht, wird sie zur Seite gelegt). Dann deckt der andere Spieler eine Karte auf und der erste Spieler muss die passende Hauptstadt oder das passende Land nennen. Sobald alle Karten aufgedeckt wurden, werden die Punkte gezählt. Du kannst auch mit dir allein spielen und einen eigenen Punkterekord aufstellen!

28 Im Labyrinth durch die Landschaften Südamerikas

Spieler: 1

Material: Rätsel-Labyrinth, Folienstift, Atlas als Hilfestellung

So geht's: Du beginnst auf dem Startfeld. Lies die dort stehende Frage/Beschreibung und wähle aus den umstehenden Antwortmöglichkeiten auf den weißen Feldern die passende aus (der Atlas hilft dir dabei). Notiere den Buchstaben hinter dieser Antwort an der ersten Position des gesuchten Lösungswortes. Gehe dann weiter in der gewählten Richtung zum nächsten grauen Feld. Dort findest du wieder eine Beschreibung und kannst aus den umliegenden weißen Feldern eine Antwort wählen. So erhältst du den nächsten Buchstaben. Fahre so fort, bis du das Zielfeld erreichst. Zeichne dabei deinen Weg Schritt für Schritt mit dem Folienstift nach.
Die gesammelten Buchstaben ergeben am Ende das Lösungswort. Kontrolliere dein Ergebnis auf der Rückseite des Rätsel-Labyrinths!

© Verlag an der Ruhr | Autorin: Katrin Minner | ISBN 978-3-8346-2768-1 | www.verlagruhr.de

Topografie Asiens

29 Von Nahost bis Fernost – Richtig oder falsch?

Spieler: 1

Material: Klammerkarten, 6 Wäscheklammern, evtl. Atlas als Hilfestellung

So geht's: Entscheide für jede Aussage auf der Karte, ob sie richtig oder falsch ist, und hefte die Klammern entsprechend an den Rand. Wenn du unsicher bist, kannst du im Atlas nachschauen! Überprüfe deine Lösungen auf der Rückseite. Drehe die Karte aber erst um, wenn du an allen sechs Aussagen eine Klammer angeheftet hast!

30 Südostasien im Länder-Sudoku

Spieler: 1

Material: Sudoku-Karte, Folienstift

So geht's: Das Sudoku enthält die Namen von neun südostasiatischen Ländern, allerdings sind noch einige Felder frei – fülle auch diese Felder aus, und zwar so, dass am Ende in jeder Zeile (also waagerecht nebeneinander), in jeder Spalte (also senkrecht untereinander) und auch in jedem dick umrandeten 9er-Block alle neun Länder genau einmal stehen.
Wenn dir die Felder zu klein sind, um die ganzen Namen hineinzuschreiben, kannst du auch nur jeweils den Anfangsbuchstaben eintragen.

31 Mit dem Zug von Moskau zum Dach der Welt

Spieler: 1–2

Material: Reiseplanungskarte, Stationskarten, Atlas als Hilfestellung, Folienstift

So geht's: Alles einsteigen bitte! Ihr macht euch auf große Fahrt und wollt mit der Eisenbahn von Moskau aus quer durch den asiatischen Kontinent bis hinauf zum Dach der Welt. Doch wie verläuft die Route eigentlich genau? Versucht die Stationskarten in die richtige Reihenfolge zu bringen, indem ihr die darauf angegebenen Orte (oder auch die genannten Flüsse, Gebirge etc.) im Atlas sucht. Tragt die Stationen anhand der topografischen Informationen in die Landkarte ein (Start und Ziel sind bereits markiert) und verbindet sie miteinander, sodass die Karte am Ende den vollständigen Streckenverlauf eurer Bahnreise zeigt. Gute Fahrt!
Du kannst die Reise natürlich auch allein antreten.

32 Asiens Berge kreuz und quer

Spieler: 1

Material: Zuordnungskarte, Folienstift, Atlas als Hilfestellung

So geht's: Auf der linken Seite der Zuordnungskarte stehen einige der höchsten Berge Asiens. Weißt du, zu welchem Gebirge sie gehören bzw. in welchem Land sie liegen? Verbinde jeden Berg mit dem passenden Gebirge. Der Atlas hilft dir dabei!

Ein kleiner Tipp: Falls du mal einen Berg nicht im Register deines Atlas finden kannst, schlage das Gebirge nach – und umgekehrt.

© Verlag an der Ruhr | Autorin: Katrin Minner | ISBN 978-3-8346-2768-1 | www.verlagruhr.de

Topografie Australiens und Ozeaniens/Topografie der Welt

33 Eine Abenteuer-Rätselreise quer durch Australien

Spieler: 1

Material: Rätselkarte, Folienstift, Atlas

So geht's: Du brichst zu einer abenteuerlichen Reise quer durch Australien auf. Im Text der Rätselkarte wird genau beschrieben, wie deine Route verläuft, doch einige Stationen fehlen! Versuche mithilfe des Atlas, die Lücken zu füllen. So findest du Stück für Stück heraus, durch welche Städte und Landschaften du kommst, welche Flüsse du überquerst und welche Berge du besteigst.
Wenn du alle Lücken richtig ausgefüllt hast, ergeben die nummerierten Lösungsbuchstaben das Lösungswort. Es handelt sich dabei ebenfalls um eine Landschaft in Australien.
Kontrolliere dein Ergebnis auf der Rückseite der Rätselkarte!

34 Ozeanien – Siehst du, was ich sehe?

Spieler: 2–3

Material: Suchkarten, 1 Atlas pro Spieler

So geht's: Mischt die Suchkarten gut durch und verteilt sie verdeckt auf dem Tisch. Jeder Spieler bewaffnet sich mit einem Atlas und schlägt darin eine physische Karte von Ozeanien auf. Derjenige Spieler, der als nächster Geburtstag hat, beginnt: Er deckt eine beliebige Karte auf und liest laut vor, welche Insel darauf steht. Nun versucht jeder, diese Insel so schnell wie möglich auf der Karte im Atlas zu finden. Wer fündig geworden ist, ruft „Entdeckt!" und zeigt die Insel den anderen Spielern. Der Entdecker darf die Suchkarte als Punkt an sich nehmen. Dann ist der nächste Spieler im Uhrzeigersinn an der Reihe und deckt die nächste Suchkarte auf usw.
Nur wenn niemand die Insel finden kann, dürft ihr im Register nachschlagen.
Wer am Ende die meisten Punkte gesammelt hat, hat gewonnen.

35 Aufgedeckt: Länder der Welt im Umriss-Rätsel

Spieler: 1–2

Material: Spielkarten mit Länderumrissen, evtl. Atlas als Hilfestellung

So geht's: Die Karten werden gemischt und so auf dem Tisch verteilt, dass jeweils die Seite mit den Umrisskarten nach oben zeigt. Der jüngste Spieler beginnt. Er wählt eine beliebige Umrisskarte aus und nennt das Land, das sie darstellt. Der Partner kontrolliert, indem er auf der Rückseite der Karte nachsieht. War die Antwort richtig, erhält der erste Spieler drei Punkte, wenn nicht, erhält er keine Punkte. Die Karte wird zur Seite gelegt. Dann ist der nächste Spieler an der Reihe.
Kann ein Spieler ein Land nicht auf Anhieb nennen, darf er den Atlas zu Hilfe nehmen und nachsehen, ob er das Land darin entdeckt. Findet er so den richtigen Namen des Landes heraus, erhält er dafür einen Punkt. Sobald alle Karten aufgedeckt wurden, werden die Punkte gezählt. Du kannst auch mit dir allein spielen und einen eigenen Punkterekord aufstellen!

36 Feuer speiende Berge rund um die Welt

Spieler: 1–2

Material: Hinweiskarten mit Vulkanen, Verortungskarte, 1–2 (verschiedenfarbige) Folienstifte, Atlas zur Lösungskontrolle

So geht's: Mischt die Hinweiskarten gut durch und legt sie verdeckt auf einen Stapel. Der ältere Spieler zieht die erste Karte und versucht, den darauf stehenden Vulkan mithilfe des Infotextes auf der Weltkarte topografisch zu verorten. Dafür macht er ein Kreuz auf der Landkarte. Der andere Spieler kontrolliert die Position des Kreuzes bzw. des Vulkans im Atlas. Hat der erste Spieler das richtige Land getroffen, erhält er einen Punkt, stimmt sogar die Position des Vulkans, erhält er zwei Punkte. Dann ist der nächste Spieler mit der nächsten Hinweiskarte dran. Sobald alle Vulkane verortet sind, wird gezählt: Der Spieler mit den meisten Punkten ist Sieger.
Natürlich kannst du auch allein einen Punkterekord aufstellen!

© Verlag an der Ruhr | Autorin: Katrin Minner | ISBN 978-3-8346-2768-1 | www.verlagruhr.de

Topografie der Welt

37 Segeltörn durch die Weltmeere

Spieler: 2–4

Material: Reiseetappen-Karten, Atlas zur Lösungskontrolle und evtl. als Hilfestellung

So geht's: Ihr plant die Route für einen Segeltörn. Mischt dazu die Reiseetappen-Karten und teilt an jeden Spieler 10 Stück aus. Nun habt ihr 3 Minuten Zeit: Jeder versucht, aus seinen Karten eine möglichst lange, zusammenhängende Strecke zu legen. Meerengen und Kanäle dürfen nur einmal befahren werden, Meere und Ozeane können auch mehrfach vorkommen (aber nicht direkt hintereinander), sofern ihr mehrere Karten davon habt (z. B. Atlantik + Panama-Kanal + Pazifik + Atlantik). Ist die Zeit abgelaufen, zeigt jeder den Mitspielern seine Route im Atlas. Funktioniert sie lückenlos, erhält der Spieler für jede Karte seiner Route einen Punkt.
Mischt und verteilt die Reiseetappen neu und spielt mehrere Runden. Wer am Ende die meisten Punkte hat, gewinnt!

38 Anpfiff weltweit: Jetzt wird's sportlich!

Spieler: 1–2

Material: Austragungslandkarte, Folienstift, Atlas zur Lösungskontrolle

So geht's: Unter der leeren Weltkarte stehen alle Länder, in denen schon mal eine Fußball-Weltmeisterschaft ausgetragen wurde (bzw. bald ausgetragen wird). Erstelle mithilfe dieser Informationen eine thematische Karte! Schraffiere dazu jedes Land aus der Liste in der Karte und schreibe jeweils die Jahreszahl, in der die WM dort stattfand, hinzu (bei kleinen Ländern kannst du die Jahreszahl auch daneben-schreiben und durch eine Linie mit dem Land verbinden). Kontrolliere mithilfe des Atlas, ob du die richtigen Länder markiert hast!
Wenn ihr zu zweit seid, wechselt ihr euch ab: Der erste Spieler wählt ein Austragungsland, das er meint, richtig zuordnen zu können, und markiert es. Der Mitspieler kontrolliert im Atlas. Dann wählt er das nächste Land usw.

39 Sehenswürdigkeiten der Welt im Städte-Memory®

Spieler: 2–4

Material: Memory®-Karten, Kontrollstreifen, Atlas zur Lösungskontrolle

So geht's: Mischt die Memory®-Karten gut durch und verteilt sie verdeckt auf dem Tisch. Der jüngste Spieler beginnt: Er deckt zwei Karten auf. Bilden sie ein Pärchen – ist also die Sehens-würdigkeit in der Stadt zu finden (dies könnt ihr auf dem Kontrollstreifen überprüfen), darf er sie behalten. Kann er außerdem das Land nennen, in dem die Stadt liegt (die Mitspieler kontrollieren dies mit dem Atlas), darf er noch einmal zwei Karten aufdecken und versuchen, dabei ein Pärchen zu finden. Nennt er das falsche Land, ist der nächste Spieler im Uhrzeigersinn an der Reihe. Gehören die aufgedeckten Karten nicht zusammen, werden sie wieder umgedreht. Auch dann ist der nächste Spieler an der Reihe. Wer am Ende die meisten Karten-Pärchen gesammelt hat, ist Sieger.

40 Weltkarten-Puzzle

Spieler: 1–2

Material: 32 Puzzleteile, evtl. Atlas als Hilfestellung

So geht's: Mischt die Puzzleteile gut durch und versucht dann, die Weltkarte richtig zusammen-zusetzen. Ihr könnt die Puzzleteile auch unter euch aufteilen: Jeder legt abwechselnd je ein Teil in die Mitte, und zwar an die Stelle, wo er meint, dass es hingehört. Erkennt ihr anhand des Kartenausschnitts, zu welchem Kontinent die jeweiligen Puzzleteile gehören? Einigt euch in jedem Fall zuerst, wo Norden sein soll!
Falls ihr Hilfe benötigt, könnt ihr im Atlas eine Weltkarte aufschlagen, um euch zu orientieren. Versucht anschließend auch, die Kontinente richtig zu benennen: Habt ihr alle Namen im Kopf? Weist abwechselnd je einem Kontinent seinen Namen zu. Ihr könnt im Atlas nach-schlagen, ob ihr mit eurer Benennung richtig liegt!

© Verlag an der Ruhr | Autorin: Katrin Minner | ISBN 978-3-8346-2768-1 | www.verlagruhr.de

Deutschlands Bundesländer und Landeshauptstädte (1/2)

© Verlag an der Ruhr | Autorin: Katrin Minner | ISBN 978-3-8346-2768-1 | www.verlagruhr.de

Stecktabelle

(1) **Deutschlands Bundesländer und Landeshauptstädte**

Welche Hauptstadt gehört zu welchem Bundesland?

Brandenburg ___	Nordrhein-Westfalen ___	Berlin ___
Sachsen-Anhalt ___	Hessen ___	Schleswig-Holstein ___
Sachsen ___	Rheinland-Pfalz ___	Saarland ___
Mecklenburg-Vorpommern ___	Hamburg ___	Baden-Württemberg ___
Niedersachsen ___	Bayern ___	Bremen ___
	Thüringen ___	

Deutschlands Bundesländer und Landeshauptstädte (2/2)

Potsdam
↓

Düsseldorf
↓

Berlin
↓

Magdeburg
↓

Wiesbaden
↓

Kiel
↓

Dresden
↓

Mainz
↓

Saarbrücken
↓

Schwerin
↓

Hamburg
↓

Stuttgart
↓

Hannover
↓

München
↓

Bremen
↓

Erfurt
↓

In sieben Schritten zum Deutschland-Profi

2 **In sieben Schritten zum Deutschland-Profi**

Schritt 4

Nenne fünf Ostfriesische Inseln.

Schlage danach den Atlas auf und zeige darin die genannten Inseln deinen Mitspielern!

Schritt 5

Nenne alle Bundesländer, die an Frankreich und an Österreich grenzen.

Deine Mitspieler kontrollieren mithilfe des Atlas – Hast du die richtigen Länder genannt?

Schritt 3

Nenne die zwei Bundesländer, die an der Ostseeküste liegen.

Deine Mitspieler kontrollieren mithilfe des Atlas – Hast du die richtigen Länder genannt?

Schritt 2

Nenne die Landeshauptstadt und zwei Großstädte deines Bundeslandes.

Schlage danach den Atlas auf und zeige darin die genannten Städte deinen Mitspielern!

Schritt 6

Nenne fünf Flüsse, die durch Deutschland fließen.

Schlage danach den Atlas auf und zeige darin deinen Mitspielern den Verlauf der genannten Flüsse von der Quelle bis zur Mündung!

Schritt 1

Nenne vier Städte innerhalb des Bundeslandes, in dem du wohnst.

Schlage danach den Atlas auf und zeige darin die genannten Städte deinen Mitspielern!

Schritt 7

Nenne fünf deutsche Mittelgebirge.

Schlage danach den Atlas auf und zeige darin die genannten Gebirge deinen Mitspielern!

Ziel

Start

© Verlag an der Ruhr | Autorin: Katrin Minner | ISBN 978-3-8346-2768-1 | www.verlagruhr.de

Spielfeld

Deutschlands Bundesländer im Wappen-Domino

(3) Deutschlands Bundesländer im Wappen-Domino	Bayern	Berlin	
Brandenburg	Niedersachsen	Saarland	
Hessen	Sachsen	Hamburg	
Baden-Württemberg	Mecklenburg-Vorpommern	Bremen	
Thüringen	Sachsen-Anhalt	Schleswig-Holstein	
Nordrhein-Westfalen	Rheinland-Pfalz	Bayern	
Hessen	Bremen	Niedersachsen	
Thüringen	Mecklenburg-Vorpommern	Saarland	
Brandenburg	Baden-Württemberg	Sachsen-Anhalt	
Rheinland-Pfalz	Berlin	Schleswig-Holstein	
Sachsen	Nordrhein-Westfalen	Hamburg	

© Verlag an der Ruhr | Autorin: Katrin Minner | ISBN 978-3-8346-2768-1 | www.verlagruhr.de

4

Deutschlands Flüsse kreuz und quer

Zuordnungskarte

4 **Deutschlands Flüsse kreuz und quer**

Durch welche Bundesländer fließen die Flüsse? Verbinde!

Main

Saar

Rhein

Ruhr

Neckar

Spree

Elbe

Mosel

Donau

Isar

Oder

Saale

?

Sachsen

Schleswig-Holstein

Niedersachsen

Hamburg

Mecklenburg-Vorpommern

Bremen

Brandenburg

Berlin

Sachsen-Anhalt

Nordrhein-Westfalen

Hessen

Thüringen

Rheinland-Pfalz

Saarland

Baden-Württemberg

Bayern

Deutschlands Landschaften – Richtig oder falsch? (1/4)

5a Entlang der deutschen Küste

Ist die Aussage richtig oder falsch?

Lösungen

Norderney gehört zu den Westfriesischen Inseln.	richtig		Norderney gehört nicht zu den Westfriesischen Inseln, sondern zu den Ostfriesischen Inseln.
	falsch	falsch	
Kap Arkona befindet sich auf Rügen.	richtig	richtig	Kap Arkona befindet sich auf Rügen.
	falsch		
Eckernförde liegt an der Kieler Bucht.	richtig	richtig	Eckernförde liegt an der Kieler Bucht.
	falsch		
Pellworm, Amrum, Föhr und Sylt gehören zu den Nordfriesischen Inseln.	richtig	richtig	Pellworm, Amrum, Föhr und Sylt gehören zu den Nordfriesischen Inseln.
	falsch		
Helgoland befindet sich in der Ostsee.	richtig		Helgoland befindet sich nicht in der Ostsee, sondern in der Nordsee.
	falsch	falsch	
Norddeich liegt in Niedersachsen.	richtig	richtig	Norddeich liegt in Niedersachsen.
	falsch		

© Verlag an der Ruhr | Autorin: Katrin Minner | ISBN 978-3-8346-2768-1 | www.verlagruhr.de

Klammerkarte

Deutschlands Landschaften – Richtig oder falsch? (2/4)

5b In den Gebirgen Deutschlands unterwegs

Lösungen

Ist die Aussage richtig oder falsch?

Die Zugspitze ist der höchste Berg Deutschlands.	richtig	richtig	Die Zugspitze ist mit 2962 m ü. NN der höchste Berg Deutschlands.
	falsch		
Der Harz befindet sich in Sachsen-Anhalt, Nordrhein-Westfalen und Thüringen.	richtig		Der Harz befindet sich in Sachsen-Anhalt, <u>Niedersachsen</u> und Thüringen.
	falsch	falsch	
Der höchste Berg im Schwarzwald ist der Kahle Asten.	richtig		Der größte Berg im Schwarzwald ist der <u>Feldberg</u> mit 1493 m ü. NN. Der Kahle Asten (842 m ü. NN) liegt im Rothaargebirge.
	falsch	falsch	
Der Brocken befindet sich im Harz und ist 1141 m ü. NN hoch.	richtig	richtig	Der Brocken befindet sich im Harz und ist 1141 m ü. NN hoch. Er bildet damit die höchste Erhebung dieses Mittelgebirges
	falsch		
Die Hohe Acht ist ein Berg in der Eifel und 747 m ü. NN hoch.	richtig	richtig	Die Hohe Acht ist ein Berg in der Eifel und mit seinen 747 m ü. NN sogar der höchste dieses Mittelgebirges.
	falsch		
Die Schwäbische Alb befindet sich südlich von München.	richtig		Die Schwäbische Alb befindet sich nicht südlich von München, sondern südlich von <u>Stuttgart</u>.
	falsch	falsch	

© Verlag an der Ruhr | Autorin: Katrin Minner | ISBN 978-3-8346-2768-1 | www.verlagruhr.de

Klammerkarte

Deutschlands Landschaften – Richtig oder falsch? (3/4)

© Verlag an der Ruhr | Autorin: Katrin Minner | ISBN 978-3-8346-2768-1 | www.verlagruhr.de

Klammerkarte

5c Entlang der deutschen Flüsse

Lösungen

Ist die Aussage richtig oder falsch?

Die Elbe entspringt in Tschechien und mündet in die Nordsee.	**richtig** **falsch**	**richtig**	Die Elbe entspringt in Tschechien und mündet in die Nordsee.
Der Rhein entspringt in der Schweiz, fließt weiter durch Deutschland und mündet in Norddeutschland in die Nordsee.	**richtig** **falsch**	**falsch**	Der Rhein entspringt in der Schweiz, fließt weiter durch Deutschland und mündet <u>in den Niederlanden</u> in die Nordsee.
Die Ruhr entspringt im Rothaargebirge und mündet bei Duisburg in den Rhein.	**richtig** **falsch**	**richtig**	Die Ruhr entspringt im Rothaargebirge und mündet bei Duisburg in den Rhein.
Die Oder bildet die natürliche Grenze zwischen Deutschland und Polen.	**richtig** **falsch**	**richtig**	Die Oder bildet die natürliche Grenze zwischen Deutschland und Polen.
Die Mosel entspringt in Frankreich, fließt entlang der Grenze zwischen Luxemburg und Deutschland und mündet bei Koblenz in die Ruhr.	**richtig** **falsch**	**falsch**	Die Mosel entspringt in Frankreich, fließt entlang der Grenze zwischen Luxemburg und Deutschland und mündet bei Koblenz <u>in den Rhein</u>.
Iller, Lech, Isar, Inn fließen rechts zur Donau hin.	**richtig** **falsch**	**richtig**	Iller, Lech, Isar, Inn fließen rechts zur Donau hin.

Deutschlands Landschaften – Richtig oder falsch? (4/4)

Klammerkarte

5d Von einem deutschen See zum anderen

Ist die Aussage richtig oder falsch?

Lösungen

Der Bodensee grenzt an Deutschland, die Schweiz und Österreich.	**richtig** / **falsch**	**richtig**	Der Bodensee grenzt an Deutschland, die Schweiz und Österreich.
Der Ammersee, der Starnberger See und der Chiemsee liegen in Bayern.	**richtig** / **falsch**	**richtig**	Der Ammersee, der Starnberger See und der Chiemsee liegen in Bayern.
Der Walchensee liegt nördlich vom Kochelsee und östlich von München.	**richtig** / **falsch**	**falsch**	Der Walchensee liegt <u>südlich vom Kochelsee</u> und <u>südlich von München</u>.
Im Sauerland gibt es viele Stauseen, die das Ruhrgebiet mit Trinkwasser versorgen, z. B. die Sorpetalsperre und die Möhnetalsperre.	**richtig** / **falsch**	**richtig**	Im Sauerland gibt es viele Stauseen, die das Ruhrgebiet mit Trinkwasser versorgen, z. B. die Sorpetalsperre und die Möhnetalsperre.
Am Walchensee befindet sich ein großes Pumpspeicherkraftwerk – es produziert Strom aus Wasserkraft.	**richtig** / **falsch**	**richtig**	Am Walchensee befindet sich ein großes Pumpspeicherkraftwerk – es produziert Strom aus Wasserkraft.
Ein bekannter See der Mecklenburgischen Seenplatte heißt Steinhuder Meer.	**richtig** / **falsch**	**falsch**	Das Steinhuder Meer ist ein See <u>in der Nähe von Hannover</u>. Der bekannteste See der Mecklenburgischen Seenplatte ist die Müritz.

Norddeutsche Inseln kreuz und quer

6 **Norddeutsche Inseln kreuz und quer**

In welchem Gewässer liegen die Inseln? Und zu welchem Bundesland gehören sie? Verbinde!

Rügen

Norderney

Fehmarn

Wangerooge

Föhr

Usedom

Borkum

Juist

Langeoog

Sylt

Amrum

Pellworm

Spiekeroog

Ostsee

Nordsee

Mecklenburg-Vorpommern

Schleswig-Holstein

Niedersachsen

Zuordnungskarte

Aufgedeckt: Deutschland und seine Mittelgebirge

Spielkarten

(7) Aufgedeckt: Deutschland und seine Mittelgebirge	Schwarzwald	Feldberg (1493 m ü. NN)
Bayerischer Wald	Großer Arber (1456 m ü. NN)	Erzgebirge
Fichtelberg (1215 m ü. NN)	Harz	Brocken (1141 m ü. NN)
Fichtelgebirge	Schneeberg (1051 m ü. NN)	Schwäbische Alb
Lemberg (1015 m ü. NN)	Thüringer Wald	Großer Beerberg (982 m ü. NN)
Rhön	Wasserkuppe (950 m ü. NN)	Taunus
Großer Feldberg (879 m ü. NN)	Rothaargebirge	Langenberg (843 m ü. NN)
Hunsrück	Erbeskopf (816 m ü. NN)	Vogelsberg
Taufstein (773 m ü. NN)	Eifel	Hohe Acht (747 m ü. NN)
Westerwald	Fuchskauten (656 m ü. NN)	Odenwald
Katzenbuckel (626 m ü. NN)	Spessart	Geiersberg (585 m ü. NN)

© Verlag an der Ruhr | Autorin: Katrin Minner | ISBN 978-3-8346-2768-1 | www.verlagruhr.de

Süddeutschland, ärgere dich nicht! (1/3)

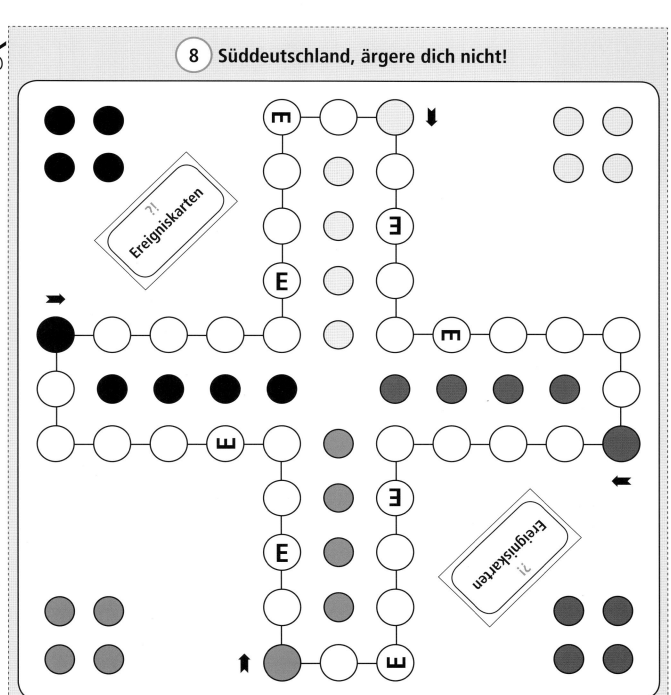

Spielplan

Süddeutschland, ärgere dich nicht! (2/3)

Ereigniskarten ?!	Wie heißt das bekannte Märchenschloss in Schongau? Lösung: Schloss Neuschwanstein
Ereigniskarten ?!	Welcher Fluss fließt durch München? Lösung: Isar
Ereigniskarten ?!	Wie heißt die Stadt nordwestlich von München, die auch für ihr Marionettentheater bekannt ist? Lösung: Augsburg
Ereigniskarten ?!	Nenne eine Stadt am Bodensee im Bundesland Bayern! Lösung: Lindau
Ereigniskarten ?!	Nenne einen Olympia-Ort in der Nähe der Zugspitze! Lösung: Garmisch-Partenkirchen
Ereigniskarten ?!	Nenne einen See südöstlich von München! Lösung: Chiemsee
Ereigniskarten ?!	Wie heißt der höchste Berg Deutschlands? Lösung: Zugspitze (2962 m ü. NN)
Ereigniskarten ?!	Wo befindet sich das Werdenfelser Land? Lösung: in Oberbayern, zwischen Mittenwald und Farchant
Ereigniskarten ?!	Wo entspringt die Donau? Lösung: im Schwarzwald
Ereigniskarten ?!	In welcher Stadt ist das ganze Jahr über Weihnachten? Lösung: Rothenburg ob der Tauber (ganzjährig geöffnetes Weihnachtsdorf)

Ereigniskarten ?!	Wo befindet sich das Karwendelgebirge? Lösung: in den Ostalpen (Österreich)
Ereigniskarten ?!	Wie heißt ein Kloster in der Nähe von Oberammergau? Lösung: Kloster Ettal
Ereigniskarten ?!	Wie heißt der höchste Berg des Schwarzwalds? Lösung: Feldberg (1493 m ü. NN)
Ereigniskarten ?!	Welche Stadt liegt an der Grenze zu Österreich direkt an der Donau? Lösung: Passau
Ereigniskarten ?!	Wie heißt der See westlich des Klosters Andechs? Lösung: Ammersee
Ereigniskarten ?!	Welcher Fluss entspringt im Schwarzwald und fließt vorbei an Ulm, Ingolstadt, Regensburg und Passau? Lösung: Donau
Ereigniskarten ?!	Nenne den südlichsten Ort Bayerns! Lösung: Oberstdorf im Allgäu
Ereigniskarten ?!	Wo befindet sich das „Drei-Flüsse-Eck" und welche Flüsse fließen hier zusammen? Lösung: Passau (Donau, Ilz, Inn)
Ereigniskarten ?!	Welcher Fluss fließt durch Augsburg? Lösung: Lech
Ereigniskarten ?!	Wie heißt die Wallfahrtskirche, die sich am Königssee befindet? Lösung: St. Bartholomä

© Verlag an der Ruhr | Autorin: Katrin Minner | ISBN 978-3-8346-2768-1 | www.verlagruhr.de

Süddeutschland, ärgere dich nicht! (3/3)

© Verlag an der Ruhr | Autorin: Katrin Minner | ISBN 978-3-8346-2768-1 | www.verlagruhr.de

Ereigniskarten

Ereigniskarten ?!	Wo befinden sich die Bavaria Filmstudios? / Lösung: München
Ereigniskarten ?!	Wie heißt eine der ältesten Städte Deutschlands, die südwestlich von Heidelberg am Rhein liegt? / Lösung: Speyer
Ereigniskarten ?!	Wie heißt die südlichste Großstadt Deutschlands? / Lösung: Freiburg
Ereigniskarten ?!	Wie heißt das Mittelgebirge nordwestlich von Freiburg? / Lösung: Kaiserstuhl
Ereigniskarten ?!	Wo befindet sich mit 162 m der höchste Kirchturm der Welt? / Lösung: Ulm
Ereigniskarten ?!	Wie heißt der größte See des Schwarzwalds (südöstlich von Freiburg)? / Lösung: Schluchsee
Ereigniskarten ?!	Wie heißt die älteste Stadt Baden-Württembergs? / Lösung: Rottweil
Ereigniskarten ?!	Welche Stadt ist seit 1950 Sitz des Bundesgerichtshofs? / Lösung: Karlsruhe
Ereigniskarten ?!	In welcher Stadt an der Donau werden Autos produziert? / Lösung: Ingolstadt (Audi)
Ereigniskarten ?!	In welcher Stadt befindet sich das größte Werk von Mercedes Benz? / Lösung: Sindelfingen (bei Stuttgart)
Ereigniskarten ?!	Wie heißt einer der bekanntesten Wallfahrtsorte Bayerns an der österreichischen Grenze? / Lösung: Altötting
Ereigniskarten ?!	Welche Stadt liegt am nördlichsten Punkt der Donau? / Lösung: Regensburg
Ereigniskarten ?!	In welcher Stadt wurde Albrecht Dürer geboren? / Lösung: Nürnberg
Ereigniskarten ?!	Aus welcher Stadt stammt Albert Einstein? / Lösung: Ulm
Ereigniskarten ?!	Wie heißt der fünftgrößte See Deutschlands südwestlich von München? / Lösung: Starnberger See
Ereigniskarten ?!	In welchen Fluss mündet der Neckar? / Lösung: Rhein
Ereigniskarten ?!	Wie heißt der höchste Berg des Bayerischen Waldes an der Grenze zu Tschechien? / Lösung: Großer Arber (1456 m ü. NN)
Ereigniskarten ?!	Wo finden jedes Jahr die Richard-Wagner-Festspiele statt? / Lösung: Bayreuth
Ereigniskarten ?!	In der Nähe welcher großen Stadt an der Donau befindet sich die Gedenkstätte Walhalla? / Lösung: Regensburg
Ereigniskarten ?!	Welcher Fluss fließt durch Würzburg? / Lösung: Main

Deutsche Sehenswürdigkeiten – Wo gibt's was zu sehen? (1/2)

Hinweiskarten

1 Der Grundstein des **Kölner Doms** wurde 1248 gelegt. Der Dom liegt direkt am Rheinufer und gehört seit 1996 zum UNESCO-Weltkulturerbe.

2 Die **Wartburg** in Eisenach ist dafür bekannt, dass Martin Luther hier im Jahre 1521 Schutz fand und in nur zehn Wochen das Neue Testament ins Deutsche übersetzte.

3 Im 19. Jh. ließ Ludwig II. von Bayern **Schloss Neuschwanstein** in Schongau im Allgäu erbauen. Es diente als Vorbild für das Märchenschloss im Disneyland in Kalifornien.

4 Die **Loreley** ist ein 132 m hoher Schieferfelsen am Rheinufer bei St. Goarshausen, an dem schon viele Schiffe zerschellt sind. Den Grund dafür könnt ihr im Gedicht „Die Loreley" von Heinrich Heine nachlesen.

5 Das **Brandenburger Tor** in Berlin wurde im 18. Jh. auf Befehl des preußischen Königs Friedrich Wilhelm errichtet. Nach dem Bau der Mauer 1961 war es 28 Jahre lang nicht passierbar. Heute ist es das Wahrzeichen der Wiedervereinigung Deutschlands.

6 Die **Frauenkirche** in Dresden, ein Meisterwerk des Barock, wurde im Zweiten Weltkrieg zerstört und nach der Wende wieder aufgebaut. Sie ist ein Mahnmal gegen den Krieg und ein Symbol der deutschen Wiedervereinigung.

7 Die **Zugspitze** im Landkreis Garmisch-Partenkirchen ist mit 2962 m der höchste Berg Deutschlands. Im Sommer ist sie das Ziel vieler Bergsteiger und Wanderer und im Winter lockt sie zahlreiche Wintersportler an.

8 Das **Holstentor** ist neben dem weniger bekannten Burgtor das einzige erhaltene Stadttor Lübecks. Es wurde Mitte des 15. Jh. erbaut und besteht aus einer Doppelturmanlage mit schiefergedeckten Kegeldächern.

© Verlag an der Ruhr | Autorin: Katrin Minner | ISBN 978-3-8346-2768-1 | www.verlagruhr.de

9 Das **Hermannsdenkmal** in Detmold erinnert an die Schlacht im Teutoburger Wald im Jahre 9 n. Chr. Es zeigt Arminius (= Hermann), den Cheruskerfürsten, der die Germanen gegen die Römer in den Kampf führte, und ist ein Mahnmal für den Frieden.

10 Der **Hamburger Hafen** ist der größte Seehafen in Deutschland und wird auch als das „Tor zur Welt" bezeichnet. Der Hamburger Hafen dient als Umschlagplatz für Waren aus der ganzen Welt.

Deutsche Sehenswürdigkeiten – Wo gibt's was zu sehen? (2/2)

© Verlag an der Ruhr | Autorin: Katrin Minner | ISBN 978-3-8346-2768-1 | www.verlagruhr.de

Verortungskarte

Lösungskarte

9 **Deutsche Sehenswürdigkeiten – Wo gibt's was zu sehen?**
Trage die Nummern der Sehenswürdigkeiten an der passenden Stelle in die Karte ein!

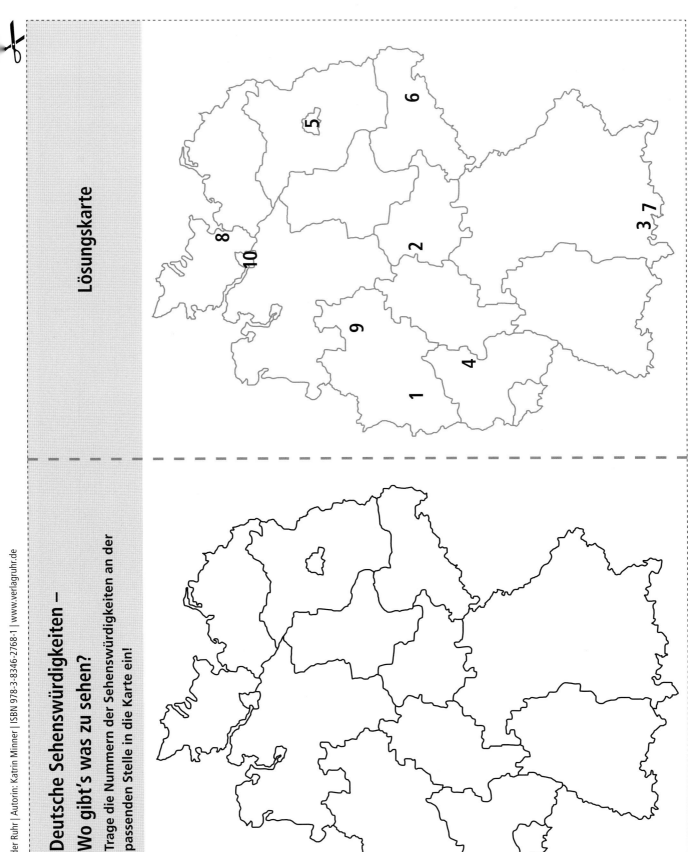

Deutschland-Puzzle

Deutschland-Quartett (1/4)

Quartett-Karten

Inseln an der Nordseeküste — 1

Borkum

Borkum ist die westlichste und mit ihren 31 km² gleichzeitig die größte der Ostfriesischen Inseln.
Während der Hansezeit (12.–17. Jh.) nutzten Piraten die Insel als Fluchtort. Heute ist sie stattdessen bei Touristen sehr beliebt.

Inseln an der Nordseeküste — 2

Wangerooge

Wangerooge ist die östlichste der bewohnten Ostfriesischen Inseln und liegt mitten im niedersächsischen Wattenmeer. Bis auf den Rettungsdienst und die Feuerwehrfahrzeuge ist die Insel komplett autofrei. Wangerooge ist nur rund 8 km² groß.

Inseln an der Nordseeküste — 3

Helgoland

Helgoland ist eine kleine Nordseeinsel in der Deutschen Bucht.
Die Lange Anna, eine 45 m hohe Felsnadel aus Buntsandstein, ist ihr Wahrzeichen. Im 19. Jh. war die Insel von den Briten besetzt, seit 1890 gehört Helgoland aber wieder zu Deutschland.

Inseln an der Nordseeküste — 4

Sylt

Die größte und gleichzeitig nördlichste Nordfriesische Insel ist Sylt. Sie ist 99 km² groß und liegt vor der Küste Schleswig-Holsteins. Der 1927 eröffnete Hindenburgdamm verbindet die Insel mit dem Festland. Der Hauptort von Sylt ist Westerland.

Inseln an der Ostseeküste — 1

Fehmarn

Fehmarn ist eine Ostseeinsel südlich der dänischen Insel Lolland. Über die Fehmarnsundbrücke ist sie mit dem Festland verbunden.
Nach Rügen und Usedom ist Fehmarn die drittgrößte Insel Deutschlands.

Inseln an der Ostseeküste — 2

Hiddensee

Hiddensee ist eine lang gestreckte Insel vor der Westküste Rügens. Sie ist knapp 17 km lang und an der schmalsten Stelle nur 250 m breit.
Hiddensee ist Teil des Nationalparks Vorpommersche Boddenlandschaft.

Inseln an der Ostseeküste — 3

Rügen

Die größte deutsche Insel ist Rügen. Sie ist 926 km² groß und gehört zu Mecklenburg-Vorpommern. Der Hauptort auf Rügen ist Bergen. Bekannt ist die Insel vor allem für ihre strahlend weißen Kreidefelsen.

Inseln an der Ostseeküste — 4

Usedom

Usedom ist mit 445 km² die zweitgrößte Insel Deutschlands. Allerdings gehört ein Teil der Insel zu Polen. Usedom befindet sich in der Pommerschen Bucht und ist durch das Stettiner Haff und den Peenestrom vom Festland getrennt. Die Insel gehört zu den sonnigsten Gegenden Deutschlands.

Flüsse Nord-/West-Deutschlands — 1

Der Rhein

Der Rhein ist der längste Fluss Deutschlands und eine der verkehrsreichsten Wasserstraßen der Welt. Er entspringt in den Schweizer Alpen, fließt dann vom Bodensee bis zur niederländischen Grenze bei Kleve 865 km lang durch Deutschland und mündet schließlich in den Niederlanden in die Nordsee.

© Verlag an der Ruhr | Autorin: Katrin Minner | ISBN 978-3-8346-2768-1 | www.verlagruhr.de

Deutschland-Quartett (2/4)

Flüsse Nord-/West-Deutschlands	2

Die Weser

Die Weser ist der zweitlängste innerdeutsche Fluss, wenn man die Werra, ihren Ursprungsfluss, mitzählt. Die Länge der Weser beträgt von der Werra-Quelle im Thüringer Wald bis nach Bremerhaven, wo sie in die Nordsee mündet, 751 km.

Flüsse Nord-/West-Deutschlands	3

Die Elbe

Die Elbe entspringt im tschechischen Riesengebirge nahe der Grenze zu Polen und mündet bei Cuxhaven in die Nordsee. Innerhalb Deutschlands legt der Fluss eine Strecke von 727 km zurück und fließt dabei unter anderem durch Hamburg.

Flüsse Nord-/West-Deutschlands	4

Die Oder

Die Oder entspringt in Tschechien, fließt weiter durch Polen und mündet schließlich ins Stettiner Haff und damit in die Ostsee. Sie ist rund 860 km lang und bildet die natürliche Grenze zwischen Polen und Deutschland.

Flüsse Süd-/Ost-Deutschlands	1

Die Donau

Die Donau hat eine Länge von rund 2860 km und ist nach der Wolga der zweitlängste Fluss Europas. Sie entspringt im Schwarzwald, fließt dann fast 650 km durch Deutschland und weiter gen Osten, bevor sie schließlich ins Schwarze Meer mündet.

Flüsse Süd-/Ost-Deutschlands	2

Die Iller

Die Iller ist ein rechter Nebenfluss der Donau. Ihr Ursprung liegt in der südlichsten Spitze Deutschlands, im Oberallgäu. Nach 147 km mündet sie schließlich bei Ulm in die Donau.

Flüsse Süd-/Ost-Deutschlands	3

Die Isar

Die Isar entspringt im österreichischen Karwendelgebirge nahe Innsbruck. Sie ist 295 km lang und fließt durch Tirol und Bayern. Sie durchquert dabei München und mündet bei Deggendorf in die Donau. Die Isar ist der viertlängste Fluss Bayerns.

Flüsse Süd-/Ost-Deutschlands	4

Der Inn

Der Inn ist mit einer Gesamtlänge von 517 km der längste und mächtigste Alpenfluss. Wie Iller, Isar und Lech ist er ein rechter Nebenfluss der Donau. Er entspringt in der Schweiz, fließt durch Österreich und Deutschland und mündet bei Passau in die Donau.

Gewässer Norddeutschlands	1

Der Jadebusen

Der Jadebusen ist eine ca. 190 km² große Meeresbucht zwischen der Wesermündung und der Ostfriesischen Halbinsel. An ihrer Öffnung zur Nordsee liegt Wilhelmshaven. Hier befindet sich der tiefste Tiefwasserhafen Deutschlands.

Gewässer Norddeutschlands	2

Das Stettiner Haff

Das Stettiner Haff ist das zweitgrößte Haff der Ostsee. Es befindet sich im Mündungsbereich von Oder und Peene und wird durch die Insel Usedom von der Ostsee getrennt. Durch das Stettiner Haff verläuft seit 1945 die Grenze zwischen Deutschland und Polen.

© Verlag an der Ruhr | Autorin: Katrin Minner | ISBN 978-3-8346-2768-1 | www.verlagruhr.de

Quartett-Karten

Deutschland-Quartett (3/4)

Quartett-Karten

Gewässer Norddeutschlands 3
Das Steinhuder Meer
Das Steinhuder Meer in Niedersachsen ist mit einer Fläche von 29 km² der größte See Nordwestdeutschlands. Jährlich kommen viele Touristen hierher, um zu segeln, zu surfen oder zu baden.

Gewässer Norddeutschlands 4
Die Müritz
Die Müritz – der Name bedeutet „kleines Meer" – ist ein See innerhalb der Mecklenburgischen Seenplatte in Mecklenburg-Vorpommern. Sie ist mit 112 km² der größte See, der vollständig innerhalb Deutschlands liegt.

Gewässer Mittel- und Süddeutschlands 1
Der Edersee
Der Edersee gehört zu den größten Stauseen in Europa. Er liegt in Hessen und wurde von 1908 bis 1914 gebaut. Der Edersee wird von der Edertalsperre aufgestaut und kann bis zu 200 Millionen m³ Wasser fassen.

Gewässer Mittel- und Süddeutschlands 2
Der Bodensee
Der Bodensee verteilt seine 536 km² auf die Länder Deutschland, Schweiz und Österreich. Die einzige deutsche Stadt südlich des Bodensees ist Konstanz. Der See ist ein beliebtes Urlaubsziel und zugleich von großer Bedeutung für die Trinkwasserversorgung der umliegenden Regionen.

Gewässer Mittel- und Süddeutschlands 3
Der Starnberger See
Der Starnberger See liegt 25 km südwestlich von München. Nach dem Bodensee, der Müritz, dem Chiemsee und dem Schweriner See ist er mit 56 km² Fläche der fünftgrößte See Deutschlands. Da er aber durchgängig sehr tief ist, hat er nach dem Bodensee das zweitgrößte Wasservolumen.

Gewässer Mittel- und Süddeutschlands 4
Der Chiemsee
Der Chiemsee wird auch „Bayerisches Meer" genannt. Er ist mit einer Fläche von 80 km² der größte See in Bayern. Im Chiemsee befinden sich die Inseln Herreninsel, Fraueninsel und die Krautinsel. Die Region um den Chiemsee ist eins der beliebtesten Erholungsgebiete Bayerns.

Berge in den deutschen Mittelgebirgen 1
Der Brocken
Der Brocken ist die höchste Erhebung im Harz und mit 1141 m ü. NN auch der höchste Berg in ganz Norddeutschland. Er wird im Volksmund auch „Blocksberg" genannt und ist von vielen Sagen umwoben. So sollen sich hier jedes Jahr zur Walpurgisnacht die Hexen zum Tanz treffen.

Berge in den deutschen Mittelgebirgen 2
Der Fichtelberg
Der Fichtelberg ist die höchste Erhebung im Erzgebirge und mit 1215 m ü. NN auch der höchste Berg in ganz Ostdeutschland. Auf dem Gipfel befindet sich als Denkmal für die Einheit Deutschlands eine Friedensglocke.

Berge in den deutschen Mittelgebirgen 3
Der Wasserkuppe
Die Wasserkuppe ist die höchste Erhebung der Rhön und mit 950 m ü. NN der höchste Berg Hessens. Neben vielen anderen Flüssen entspringt an diesem Berg die Fulda. Auf dem Gipfel befindet sich die älteste Segelflugschule der Welt.

© Verlag an der Ruhr | Autorin: Katrin Minner | ISBN 978-3-8346-2768-1 | www.verlagruhr.de

Deutschland-Quartett (4/4)

Quartett-Karten

Berge in den deutschen Mittelgebirgen 4	**Berge in den deutschen Alpen** 1	**Berge in den deutschen Alpen** 2

Der Feldberg

Der Feldberg ist die höchste Erhebung des Schwarzwalds und mit 1493 m ü. NN der höchste Berg Baden-Württembergs. Er stellt auch die höchste Erhebung aller deutschen Mittelgebirge dar und ist damit der höchste Berg Deutschlands außerhalb der Alpen.

Die Mädelegabel

Die Mädelegabel ist 2644 m hoch und befindet sich in den Allgäuer Alpen an der Grenze zu Österreich. Für die Alpinisten ist sie einer der berühmtesten und meistbestiegenen Hochgipfel der deutschen Alpen.

Der Hochvogel

In den Allgäuer Alpen befindet sich der Hochvogel, ein 2592 m hoher Berg, über dessen Gipfel die Landesgrenze zwischen Deutschland und Österreich verläuft. Der Berg kann sowohl von der Südseite als auch von der Nordseite aus bestiegen werden.

Berge in den deutschen Alpen 3	**Berge in den deutschen Alpen** 4	**Naturdenkmäler** 1

Die Zugspitze

Die Zugspitze ist mit 2962 m ü. NN der höchste Berg Deutschlands. Sie liegt im Wettersteingebirge in den Ostalpen. An ihren Bergflanken befindet sich der größte deutsche Gletscher, der Nördliche Schneeferner. Die erste (nachgewiesene) Besteigung des Gipfels gelang am 27. August 1820.

Der Watzmann

Der Watzmann ist mit 2713 m ü. NN das Wahrzeichen des Berchtesgadener Landes im Südosten Deutschlands. Seine kleineren Nebengipfel werden auch „Watzmannfrau" und „Watzmannkinder" genannt. Die Ostwand des Massivs gilt als die höchste Wand der Ostalpen.

Das Niedersächsische Wattenmeer

Dieser Nationalpark an der Nordseeküste erstreckt sich vom Dollart an der niederländischen Grenze bis Cuxhaven. Ebbe und Flut formen hier eine einzigartige Landschaft mit Salzwiesen, Stränden, Dünen und Sandbänken, die die Heimat vieler besonderer Tier- und Pflanzenarten bildet.

Naturdenkmäler 2	**Naturdenkmäler** 3	**Naturdenkmäler** 4

Die Kreidefelsen auf Rügen

Die strahlend weiße Kreidefelsen-Steilküste ist das Wahrzeichen der Insel Rügen. Der größte Kreidefelsen ist der Königsstuhl mit einer Höhe von 118 m über der Wasseroberfläche der Ostsee.

Die Felsnadeln im Elbsandsteingebirge

Das Elbsandsteingebirge liegt an der Grenze zu Tschechien. Im deutschen Teil, „Sächsische Schweiz" genannt, befindet sich die 43 m hohe Barbarine, eine der bekanntesten frei stehenden Felsnadeln. Sie wurde 1978 zum Naturdenkmal erklärt.

Der Königssee

Der Königssee ist ein lang gestreckter, türkisfarbener See im Nationalpark Berchtesgaden am Fuß des Watzmanns. Er gilt als einer der saubersten Seen Deutschlands. Auf einer Halbinsel am Westufer steht die Wallfartskirche St. Bartholomä.

© Verlag an der Ruhr | Autorin: Katrin Minner | ISBN 978-3-8346-2768-1 | www.verlagruhr.de

Deutschlands Nachbarn in der Mental Map

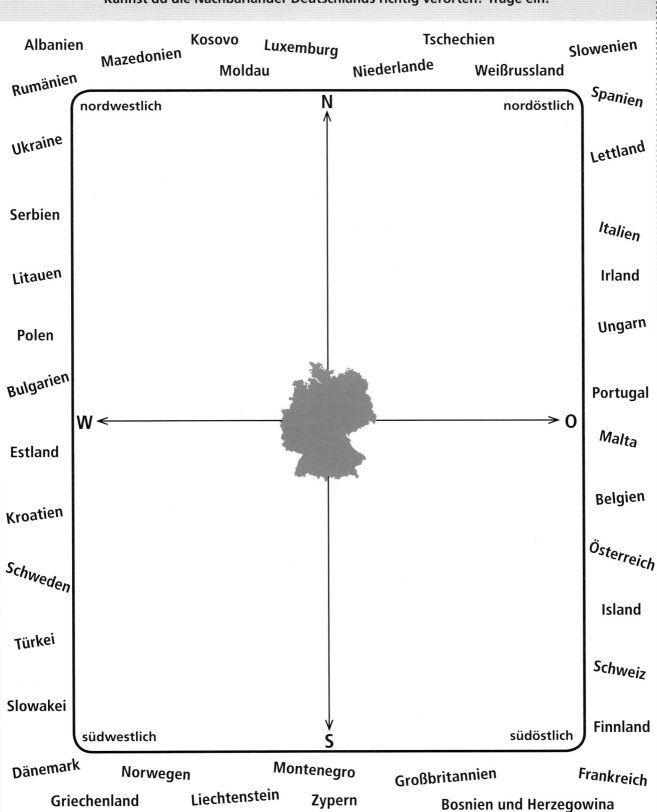

© Verlag an der Ruhr | Autorin: Katrin Minner | ISBN 978-3-8346-2768-1 | www.verlagruhr.de

Europas Hauptstädte – Richtig oder falsch? (1/2)

13a **Die Hauptstädte**
Nord- und Westeuropas

Lösungen

Ist die Aussage richtig oder falsch?

Kopenhagen ist die Hauptstadt von Dänemark und Reykjavík die Hauptstadt von Norwegen.	richtig		Kopenhagen ist die Hauptstadt von Dänemark, allerdings ist <u>Reykjavík</u> die Hauptstadt von <u>Island</u>. Die norwegische Hauptstadt ist Oslo.
	falsch	**falsch**	
Paris ist die Hauptstadt von Frankreich und Brüssel ist die Hauptstadt von Belgien.	richtig	richtig	Paris ist die Hauptstadt von Frankreich und Brüssel ist die Hauptstadt von Belgien.
	falsch		
London ist die Hauptstadt Großbritanniens und Edinburgh ist die Hauptstadt Irlands.	richtig		London ist zwar die Hauptstadt Großbritanniens, aber <u>Edinburgh</u> ist die Hauptstadt <u>Schottlands</u>. Die irische Hauptstadt heißt Dublin.
	falsch	**falsch**	
Helsinki ist die Hauptstadt von Finnland.	richtig	richtig	Helsinki ist die Hauptstadt von Finnland.
	falsch		
Bern ist die Hauptstadt der Schweiz, Vaduz ist die Hauptstadt von Liechtenstein und Wien ist die Hauptstadt von Österreich.	richtig	richtig	Bern ist die Hauptstadt der Schweiz, Vaduz ist die Hauptstadt von Liechtenstein und Wien ist die Hauptstadt von Österreich.
	falsch		
Amsterdam ist die Hauptstadt von Luxemburg.	richtig		<u>Amsterdam</u> ist die Hauptstadt der <u>Niederlande</u>. Die luxemburgische Hauptstadt heißt Luxemburg-Stadt.
	falsch	**falsch**	

© Verlag an der Ruhr | Autorin: Katrin Minner | ISBN 978-3-8346-2768-1 | www.verlagruhr.de

Klammerkarte

Europas Hauptstädte – Richtig oder falsch? (2/2)

13b **Die Hauptstädte**
Süd- und Osteuropas

Lösungen

Ist die Aussage richtig oder falsch?

Budapest ist die Hauptstadt von Ungarn.	richtig	richtig	Budapest ist die Hauptstadt von Ungarn.
	falsch		
Barcelona ist die Hauptstadt von Spanien.	richtig		Barcelona liegt zwar in Spanien, die spanische Hauptstadt ist aber Madrid.
	falsch	falsch	
Sarajevo ist die Hauptstadt von Bosnien und Herzegowina, Skopje ist die Hauptstadt von Mazedonien und Zagreb ist die Hauptstadt von Kroatien.	richtig	richtig	Sarajevo ist die Hauptstadt von Bosnien und Herzegowina, Skopje ist die Hauptstadt von Mazedonien und Zagreb ist die Hauptstadt von Kroatien.
	falsch		
Tirana ist die Hauptstadt von Albanien und Bukarest ist die Hauptstadt von Rumänien.	richtig	richtig	Tirana ist die Hauptstadt von Albanien und Bukarest ist die Hauptstadt von Rumänien.
	falsch		
Ankara ist die Hauptstadt von Portugal, Valletta ist die Hauptstadt von Malta und Kiew ist die Hauptstadt der Ukraine.	richtig		Ankara ist die Hauptstadt der Türkei, die portugiesische Hauptstadt ist Lissabon. Der Rest stimmt.
	falsch	falsch	
Nikosia ist die Hauptstadt von Zypern und Riga die Hauptstadt von Bulgarien.	richtig		Nikosia ist zwar die Hauptstadt von Zypern, aber Riga ist die Hauptstadt von Lettland. Die bulgarische Hauptstadt heißt Sofia.
	falsch	falsch	

© Verlag an der Ruhr | Autorin: Katrin Minner | ISBN 978-3-8346-2768-1 | www.verlagruhr.de

Europas Länder im Flaggen-Domino (1/3)

14 Europas Länder im Flaggen-Domino		Belgien		Polen	
Luxemburg		Schweden		Estland	
Slowenien		Großbritannien und Nordirland		Weißrussland	
Niederlande		Ungarn		San Marino	
Rumänien		Irland		Liechtenstein	
Deutschland		Kroatien		Ukraine	
Norwegen		Zypern		Italien	
Vatikanstadt		Andorra		Kosovo	
Mazedonien		Bosnien und Herzegowina		Frankreich	
Türkei		Schweiz		Bulgarien	
Malta		Serbien		Montenegro	

© Verlag an der Ruhr | Autorin: Katrin Minner | ISBN 978-3-8346-2768-1 | www.verlagruhr.de

Europas Länder im Flaggen-Domino (2/3)

Moldau		Finnland		Portugal	
Spanien		Albanien		Tschechien	
Island		Slowakei		Griechenland	
Dänemark		Litauen		Monaco	
Österreich		Lettland		Liechtenstein	
Italien		Luxemburg		Portugal	
Tschechien		Slowenien		Belgien	
Zypern		Weißrussland		Spanien	
Irland		Albanien		Dänemark	
Großbritannien und Nordirland		Vatikanstadt		Malta	
Kroatien		Monaco		Serbien	

Europas Länder im Flaggen-Domino (3/3)

Bosnien und Herzegowina	San Marino	Finnland
Schweiz	Moldau	Österreich
Estland	Schweden	Kosovo
Ukraine	Griechenland	Slowakei
Montenegro	Bulgarien	Niederlande
Litauen	Türkei	Frankreich
Ungarn	Norwegen	Rumänien
Andorra	Mazedonien	Island
Lettland	Deutschland	Polen

© Verlag an der Ruhr | Autorin: Katrin Minner | ISBN 978-3-8346-2768-1 | www.verlagruhr.de

Koordinaten-Jagd quer durch Europa

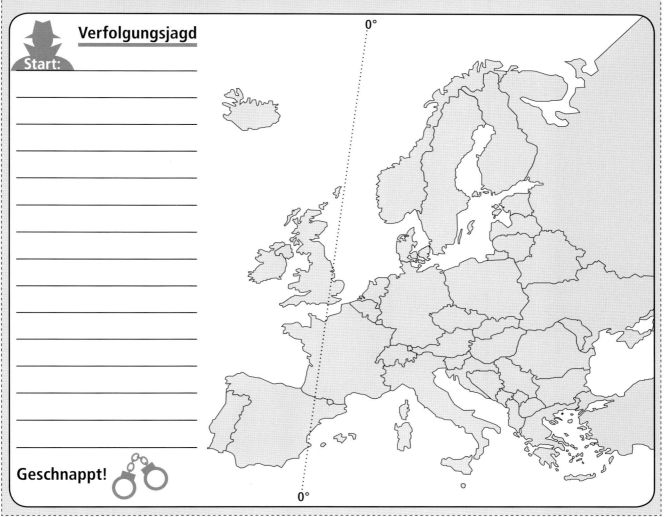

15 **Koordinaten-Jagd quer durch Europa**

Kommt ihr dem Bösewicht auf die Spur? Schreibt die durch die Koordinaten verschlüsselten
Orte auf die Linien und tragt eure Verfolgungsroute in die Karte ein!

Verfolgungsjagd

Start: _____

_____

_____

_____

_____

_____

_____

_____

_____

_____

_____

_____

_____

Geschnappt!

0°

0°

© Verlag an der Ruhr | Autorin: Katrin Minner | ISBN 978-3-8346-2768-1 | www.verlagruhr.de

Spielplan

Koordinatenkarten

60° 10' N 24° 56' O	Helsinki	51° 31' N 0° 7' W	London	53° 54' N 27° 33' O	Minsk
43° 44' N 7° 25' O	Monaco	70° 40' N 23° 41' O	Hammerfest	42° 41' N 23° 19' O	Sofia
57° 9' N 2° 6' W	Aberdeen	41° 24' N 2° 10' O	Barcelona	54° 20' N 10° 8' O	Kiel
41° 36' N 28° 57' O	Istanbul	37° 59' N 23° 44' O	Athen	40° 50' N 14° 15' O	Neapel
64° 9' N 21° 56' W	Reykjavík	40° 39' N 22° 58' O	Saloniki	39° 34' N 2° 39' O	Palma de Mallorca
44° 50' N 0° 35' W	Bordeaux	55° 41' N 12° 35' O	Kopenhagen	71° 10' N 25° 47' O	Nordkap

Aufgedeckt: Europäische Nachbarschaften

16 Aufgedeckt: Europäische Nachbarschaften		? ? ? **Polen** ? ? ?	Russland Litauen Weißrussland Ukraine Slowakei Tschechien Deutschland
? ? ? **Griechenland** ? ? ?	Albanien Mazedonien Bulgarien Türkei	? ? **Belgien** ? ? ?	Niederlande Deutschland Luxemburg Frankreich
? ? ? **Bulgarien** ? ? ?	Rumänien Türkei Griechenland Mazedonien Serbien	? ? **Spanien** ? ? ?	Frankreich Andorra Marokko Portugal
? ? ? **Österreich** ? ? ?	Tschechien Slowakei Ungarn Slowenien Schweiz Liechtenstein Deutschland	? ? **Ungarn** ? ? ?	Slowakei Ukraine Rumänien Serbien Kroatien Slowenien Österreich
? ? ? **Frankreich** ? ? ?	Belgien Luxemburg Deutschland Schweiz Italien Andorra Spanien	? ? **Schweiz** ? ? ?	Deutschland Österreich Liechtenstein Italien Frankreich
? ? ? **Italien** ? ? ?	Frankreich Schweiz Österreich Slowenien	? ? **Tschechien** ? ? ?	Deutschland Polen Slowakei Österreich

© Verlag an der Ruhr | Autorin: Katrin Minner | ISBN 978-3-8346-2768-1 | www.verlagruhr.de

Europas Flüsse im Buchstabensalat

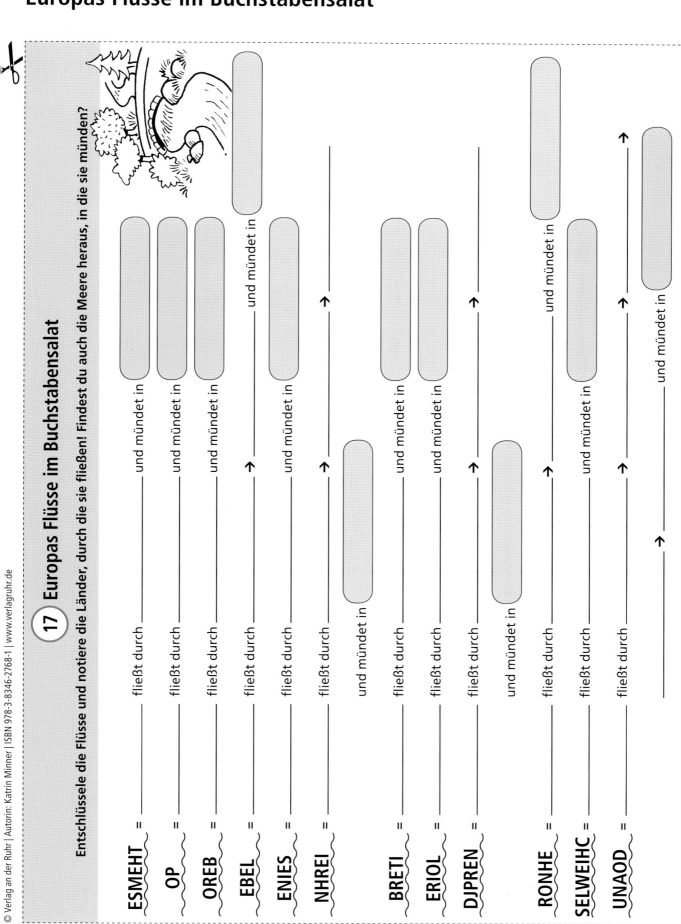

17 Europas Flüsse im Buchstabensalat

Entschlüssele die Flüsse und notiere die Länder, durch die sie fließen! Findest du auch die Meere heraus, in die sie münden?

ESMEHT = _____ fließt durch _____ und mündet in _____

OP = _____ fließt durch _____ und mündet in _____

OREB = _____ fließt durch _____ und mündet in _____

EBEL = _____ fließt durch _____ →

ENIES = _____ fließt durch _____ und mündet in _____

NHREI = _____ fließt durch _____ →

= _____ und mündet in _____

BRETI = _____ fließt durch _____ und mündet in _____

ERIOL = _____ fließt durch _____ und mündet in _____

DJPREN = _____ fließt durch _____ →

= _____ und mündet in _____

RONHE = _____ fließt durch _____ →

SELWEIHC = _____ fließt durch _____ und mündet in _____

UNAOD = _____ fließt durch _____ →

_____ → und mündet in _____

Europa bergauf und bergab

Sortierkarten

Berg	Höhe	Gebirge
Berg Kebnekajse	**Höhe** 2111 m ü. NN	**Gebirge** Skandinavisches Gebirge
Berg Große Belchen	**Höhe** 1424 m ü. NN	**Gebirge** Vogesen
Berg Crêt de la Neige	**Höhe** 1718 m ü. NN	**Gebirge** Jura
Berg Zugspitze	**Höhe** 2962 m ü. NN	**Gebirge** Alpen
Berg Großglockner	**Höhe** 3798 m ü. NN	**Gebirge** Alpen
Berg Ortler	**Höhe** 3905 m ü. NN	**Gebirge** Alpen
Berg Montblanc	**Höhe** 4807 m ü. NN	**Gebirge** Alpen
Berg Puy de Sancy	**Höhe** 1886 m ü. NN	**Gebirge** Zentralmassiv
Berg Pic de Aneto	**Höhe** 3404 m ü. NN	**Gebirge** Pyrenäen
Berg Picos de Europa	**Höhe** 2648 m ü. NN	**Gebirge** Kantabrisches Gebirge
Berg Mulhacén	**Höhe** 3478 m ü. NN	**Gebirge** Sierra Nevada (span.)
Berg Gran Sasso d'Italia	**Höhe** 2914 m ü. NN	**Gebirge** Apenninen
Berg Schneekoppe	**Höhe** 1603 m ü. NN	**Gebirge** Sudeten
Berg Gerlsdorfer Spitze	**Höhe** 2654 m ü. NN	**Gebirge** Karpaten/Hohe Tatra
Berg Moldoveanu	**Höhe** 2543 m ü. NN	**Gebirge** Südkarpaten
Berg Durmitor	**Höhe** 2522 m ü. NN	**Gebirge** Dinarisches Gebirge
Berg Botev	**Höhe** 2376 m ü. NN	**Gebirge** Hoher Balkan
Berg Narodnaja	**Höhe** 1895 m ü. NN	**Gebirge** Uralgebirge

© Verlag an der Ruhr | Autorin: Katrin Minner | ISBN 978-3-8346-2768-1 | www.verlagruhr.de

Afrikas Länder im Silbenpuzzle

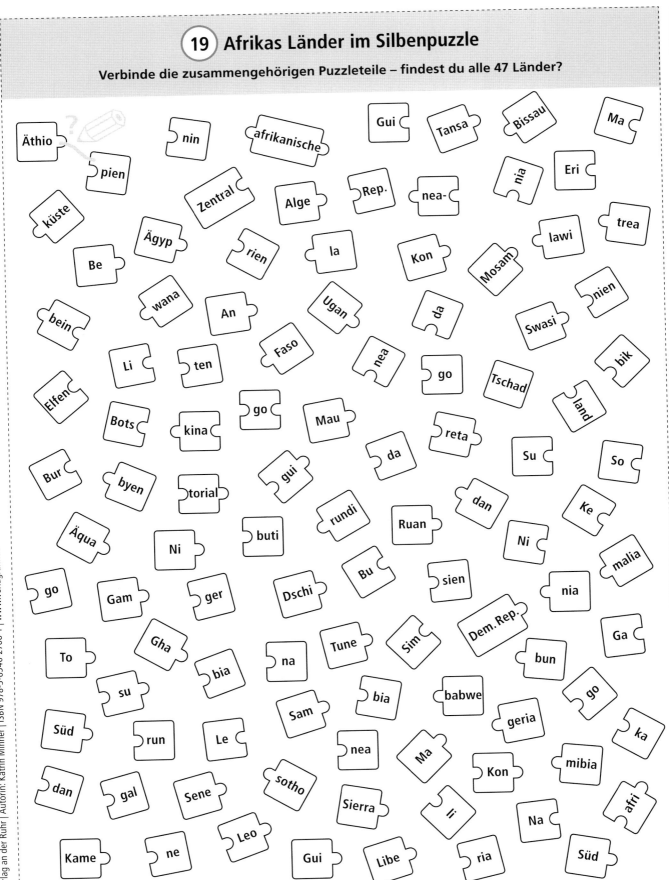

19 Afrikas Länder im Silbenpuzzle

Verbinde die zusammengehörigen Puzzleteile – findest du alle 47 Länder?

© Verlag an der Ruhr | Autorin: Katrin Minner | ISBN 978-3-8346-2768-1 | www.verlagruhr.de

Silbenpuzzlekarte

Afrikas Hauptstädte kreuz und quer

20 Afrikas Hauptstädte kreuz und quer

Welche Hauptstadt gehört zu welchem Land? Verbinde!

Algier	Kenia
Rabat	Elfenbeinküste
Accra	Ägypten
Windhuk	Somalia
Kigali	Madagaskar
Pretoria	Algerien
Kinshasa	Südafrika
Antananarivo	Äthiopien
Tripolis	Burkina Faso
Kairo	Namibia
Dakar	Marokko
Luanda	Ruanda
Nairobi	Dem. Rep. Kongo
Ougadougou	Angola
Tunis	Ghana
Yamoussoukro	Gabun
Libreville	Libyen
Addis Abeba	Senegal
Mogadischu	Tunesien

© Verlag an der Ruhr | Autorin: Katrin Minner | ISBN 978-3-8346-2768-1 | www.verlagruhr.de

Unsortiertes Afrika – Was gehört wohin? (1/2)

© Verlag an der Ruhr | Autorin: Katrin Minner | ISBN 978-3-8346-2768-1 | www.verlagruhr.de

Stecktabelle

(21) Unsortiertes Afrika – Was gehört wohin?

Sortiere die Steckkarten so, dass hinter jedem Land die passenden topografischen Informationen stehen!

Land	Stadt	Gewässer	Berg/Gebirge	besondere Landschaft

Unsortiertes Afrika – Was gehört wohin? (2/2)

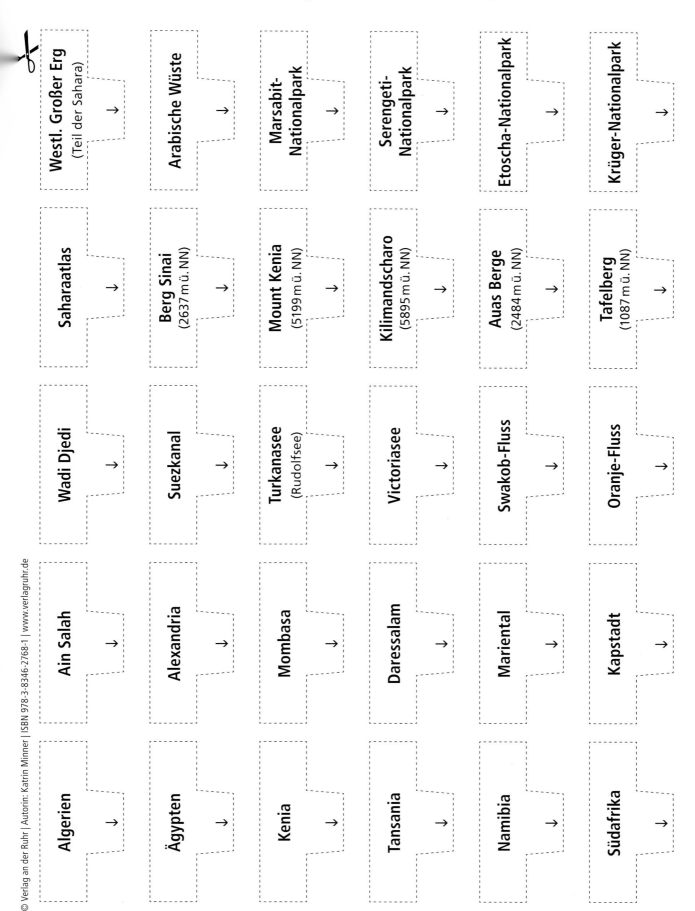

Westl. Großer Erg (Teil der Sahara) →	Arabische Wüste →	Marsabit-Nationalpark →	Serengeti-Nationalpark →	Etoscha-Nationalpark →	Krüger-Nationalpark →
Saharaatlas →	Berg Sinai (2637 m ü. NN) →	Mount Kenia (5199 m ü. NN) →	Kilimandscharo (5895 m ü. NN) →	Auas Berge (2484 m ü. NN) →	Tafelberg (1087 m ü. NN) →
Wadi Djedi →	Suezkanal →	Turkanasee (Rudolfsee) →	Victoriasee →	Swakob-Fluss →	Oranje-Fluss →
Ain Salah →	Alexandria →	Mombasa →	Daressalam →	Mariental →	Kapstadt →
Algerien →	Ägypten →	Kenia →	Tansania →	Namibia →	Südafrika →

Unterwegs in Afrika – Hast du den Dreh raus? (1/2)

Drehscheibenhülle

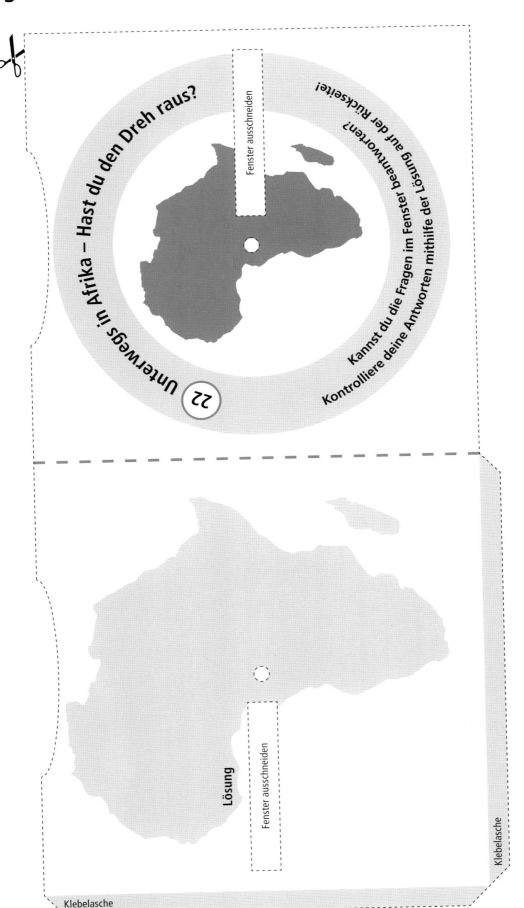

Unterwegs in Afrika – Hast du den Dreh raus?

Fenster ausschneiden

22

Kannst du die Fragen im Fenster beantworten?
Kontrolliere deine Antworten mithilfe der Lösung auf der Rückseite!

Vorderseite

Lösung

Fenster ausschneiden

Klebelasche

Klebelasche

Rückseite

© Verlag an der Ruhr | Autorin: Katrin Minner | ISBN 978-3-8346-2768-1 | www.verlagruhr.de

Unterwegs in Afrika – Hast du den Dreh raus? (2/2)

Drehscheibe

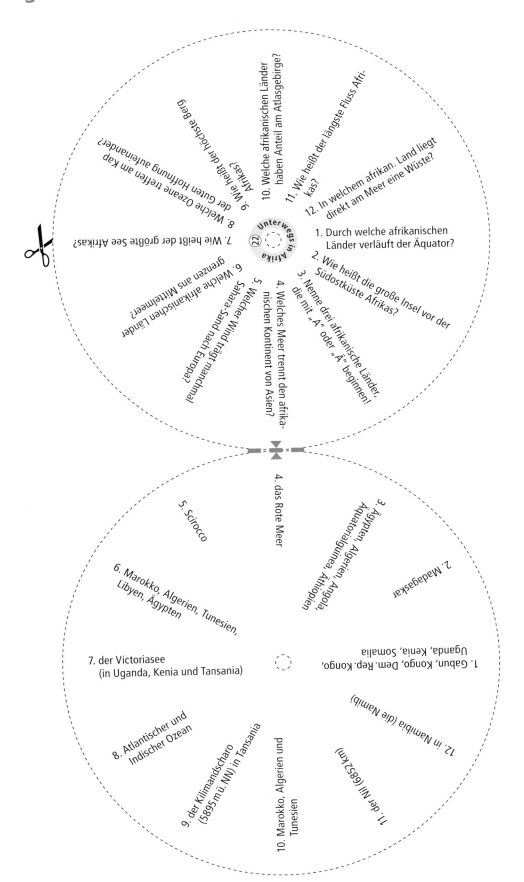

Vorderseite

Rückseite

© Verlag an der Ruhr | Autorin: Katrin Minner | ISBN 978-3-8346-2768-1 | www.verlagruhr.de

Die Bundesstaaten der USA in der Rätselschlange

© Verlag an der Ruhr | Autorin: Katrin Minner | ISBN 978-3-8346-2768-1 | www.verlagruhr.de

Rätselkarte

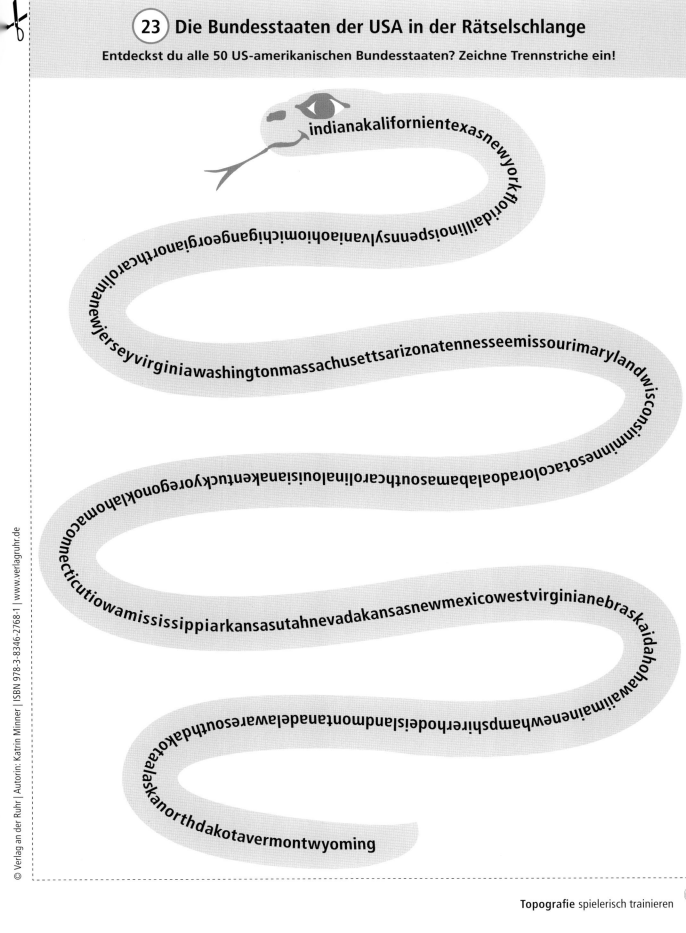

23 Die Bundesstaaten der USA in der Rätselschlange

Entdeckst du alle 50 US-amerikanischen Bundesstaaten? Zeichne Trennstriche ein!

indianakalifornientexasnewyorkfloridaillinoispennsylvaniaohiomichigangeorgianorthcarolinanewjerseyvirginiawashingtonmassachusettsarizonatennesseemissourimarylandwisconsinminnesotacoloradoalabamasouthcarolinalouisianakentuckyoregonoklahomaconnecticutiowamississippiarkansasutahnevadakansasnewmexicowestvirginianebraskaidahohawaiimainenewhampshirerhodeislanddelawaremontanasouthdakotaalaskanorthdakotavermontwyoming

Nordamerika im Trimino

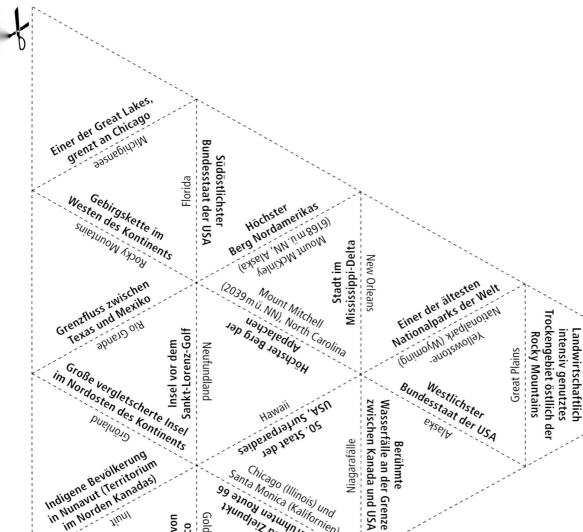

Trimino

Koordinaten-Jagd quer durch Mittelamerika

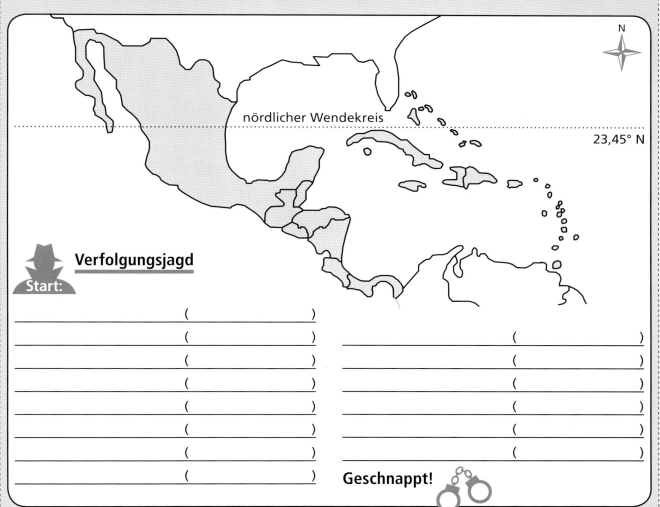

25 Koordinaten-Jagd quer durch Mittelamerika

Kommt ihr dem Bösewicht auf die Spur? Schreibt die durch die Koordinaten verschlüsselten
Hauptstädte und Länder auf die Linien und tragt eure Verfolgungsroute in die Karte ein!

nördlicher Wendekreis

N

23,45° N

Verfolgungsjagd

Start:

_____ (_____)
_____ (_____)   _____ (_____)
_____ (_____)   _____ (_____)
_____ (_____)   _____ (_____)
_____ (_____)   _____ (_____)
_____ (_____)   _____ (_____)
_____ (_____)   _____ (_____)
_____ (_____)   **Geschnappt!**

© Verlag an der Ruhr | Autorin: Katrin Minner | ISBN 978-3-8346-2768-1 | www.verlagruhr.de

9° N 79° W	**Panama-Stadt** (Panama)	13° N 89° W	**San Salvador** (El Salvador)	17° N 76° W	**Kingston** (Jamaika)
10° N 84° W	**San José** (Costa Rica)	14° N 91° W	**Guatemala-Stadt** (Guatemala)	18° N 72° W	**Port-au-Prince** (Haiti)
12° N 86° W	**Managua** (Nicaragua)	19° N 99° W	**Mexiko-Stadt** (Mexiko)	18° N 70° W	**Santo Domingo** (Dominikanische Republik)
14° N 87° W	**Tegucigalpa** (Honduras)	23° N 83° W	**Havanna** (Kuba)	18° N 66° W	**San Juan** (Puerto Rico/USA)
13° N 59° W	**Bridgetown** (Barbados)	25° N 77° W	**Nassau** (Bahamas)		

Spielplan

Koordinatenkarten

Südamerika-Rundreise mit maximaler Abwechslung

Reiseplanungskarte

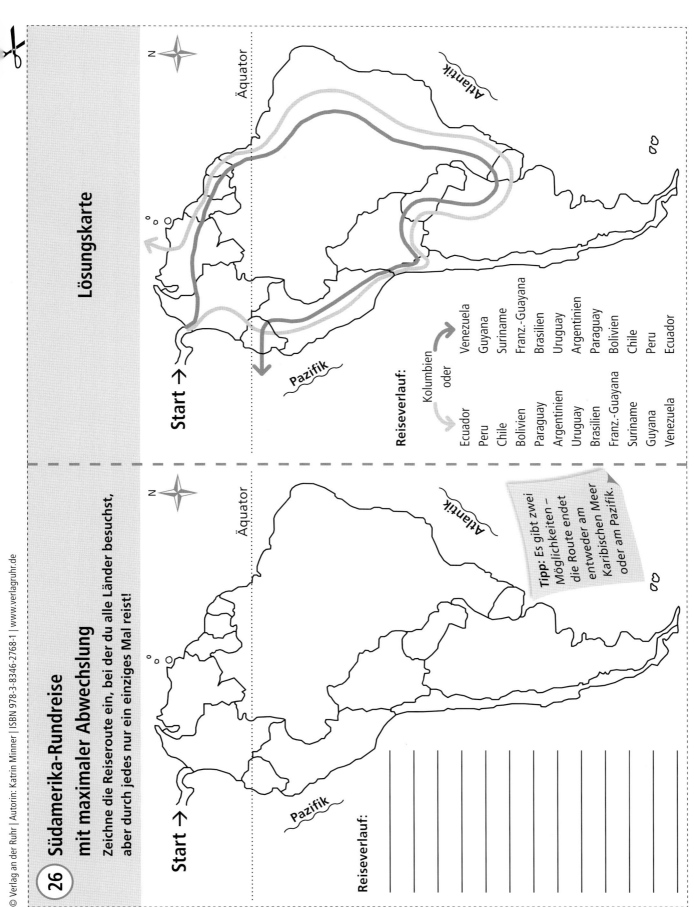

Lösungskarte

Start →

Äquator

Atlantik

Pazifik

N

Reiseverlauf:

Kolumbien oder

Venezuela	Ecuador
Guyana	Peru
Suriname	Chile
Franz.-Guayana	Bolivien
Brasilien	Paraguay
Uruguay	Argentinien
Argentinien	Uruguay
Paraguay	Brasilien
Bolivien	Franz.-Guayana
Chile	Suriname
Peru	Guyana
Ecuador	Venezuela

26 Südamerika-Rundreise mit maximaler Abwechslung

Zeichne die Reiseroute ein, bei der du alle Länder besuchst, aber durch jedes nur ein einziges Mal reist!

Start →

Äquator

Atlantik

Pazifik

N

Tipp: Es gibt zwei Möglichkeiten – die Route endet entweder am Karibischen Meer oder am Pazifik.

Reiseverlauf:

Aufgedeckt: Hauptstädte Südamerikas

Spielkarten

27 Aufgedeckt: Hauptstädte Südamerikas	**Kolumbien**	**Bogotá** (7,88 Mio Einwohner)
Venezuela	**Caracas** (8,77 Mio Einwohner)	**Guyana**
Georgetown (0,13 Mio Einwohner)	**Suriname**	**Paramaribo** (0,24 Mio Einwohner)
Französisch-Guayana	**Cayenne** (0,06 Mio Einwohner)	**Ecuador**
Quito (2,24 Mio Einwohner)	**Brasilien**	**Brasilia** (4,04 Mio Einwohner)
Peru	**Lima** (8,48 Mio Einwohner)	**Bolivien**
Sucre (0,24 Mio Einwohner)	**Paraguay**	**Asunción** (0,54 Mio Einwohner)
Uruguay	**Montevideo** (1,97 Mio Einwohner)	**Chile**
Santiago de Chile (8,00 Mio Einwohner)	**Argentinien**	**Buenos Aires** (13,20 Mio Einwohner)

© Verlag an der Ruhr | Autorin: Katrin Minner | ISBN 978-3-8346-2768-1 | www.verlagruhr.de

Im Labyrinth durch die Landschaften Südamerikas

28 Im Labyrinth durch die Landschaften Südamerikas

Finde den Weg vom Start- zum Zielfeld und sammle dabei die Buchstaben für das Lösungswort!

Fluss, der nahe Rio de Janeiro entspringt	Rio Grande (U)	**Start** Größter Fluss im Norden Brasiliens	Rio Negro (A)	Höchster Berg Paraguays	Cerro Peró (R)	Wahrzeichen von Rio de Janeiro	Zuckerhut-Felsen (U)	Sumpfregion im Dreiländereck Brasilien/ Bolivien/ Paraguay
Bahamas (I)		Amazonas (T)		Samba (B)		Freiheitsstatue (P)		Trinidad und Tobago (T)
Inselgruppe vor der Küste Ecuadors	Anden (R)	Gebirge an der Westküste Südamerikas	Apenninen (I)	Berühmter argentinischer Tanz	Tango (F)	**Ziel**	Antigua und Barbuda (E)	Inselstaat vor dem Orinoco-Delta
Galapagos-inseln (O)		Rocky Mountains (E)		Sahara (T)		Marañón (D)		Copán (G)
Grassteppe in Argentinien, nahe Buenos Aires	Pampa (P)	Südlichste Spitze Südamerikas	Kap Hoorn (I)	Küstenwüste im Norden Chiles	Namib (L)	Fluss, der in den Anden entspringt	Machu Picchu (L)	Berühmte Ruinenstätte der Inkas nahe Cuzco
Tundra (T)		Kap der Guten Hoffnung (A)		Atacama (S)		São Manuel (T)		Lama (A)
Große Insel im Mündungs-bereich des Amazonas	Chimborazo (H)	Höchster Berg Ecuadors	Titicacasee (C)	Großer See in den Anden zwischen Peru und Bolivien	Sechura (L)	Wüste in Ecuador	Steinbock (I)	Tier in den Anden
Marajó (E)		Cotopaxi (I)		Victoriasee (T)		Malibu Beach (S)		San Valentín (W)
Britische Inselgruppe vor der Südküste Argentiniens	Falklandinseln (R)	Fluss in Venezuela	Ohio (G)	Höchster Wasserfall Perus	Playa del los Lagos (L)	Berühmter Strand in Rio de Janeiro	Copacabana (N)	Vergletscherter Gipfel im chilenischen Teil Patagoniens
Shetlandinseln (B)		Orinoco (R)		Salar de Atacama (F)		Feuerland (E)		Cerro el Liberdador (T)
Kleinster See Uruguays	Llullaillaco (I)	Höchster Berg Südamerikas	Aconcagua (E)	Große Salzwüste (Salar) in den bolivianischen Anden	Salar de Uyuni (G)	Chilenische und argentinische Inselgruppe an der Südspitze Südamerikas	Hispaniola (O)	Titel der brasiliani-schen National-hymne

Lösungswort: [ ][ ][ ][ ][ ][ ][ ][ ][ ] [ ][ ][ ][ ][ ][ ][ ][ ][ ][ ]

Tipp: Man findet es vor allem im Tiefland Brasiliens.

Lösungswort: T R O P I S C H E R   R E G E N W A L D

Von Nahost bis Fernost – Richtig oder falsch? (1/3)

29a Länder und Hauptstädte Vorderasiens

Lösungen

Ist die Aussage richtig oder falsch?

Aussage			Lösung
Georgiens Hauptstadt heißt Tiflis. Das Land grenzt an Russland, an die Türkei und an das Schwarze Meer.	**richtig** / **falsch**	**richtig**	Georgiens Hauptstadt heißt Tiflis. Das Land grenzt an Russland, an die Türkei und an das Schwarze Meer.
Jerusalem ist die Hauptstadt von Israel und Damaskus ist die Hauptstadt von Jordanien.	**richtig** / **falsch**	**falsch**	Jerusalem ist zwar die Hauptstadt von Israel, aber <u>Damaskus</u> ist die Hauptstadt von <u>Syrien</u>. Die jordanische Hauptstadt heißt Amman.
Syrien, Libanon, Jordanien und Israel grenzen alle ans Mittelmeer.	**richtig** / **falsch**	**falsch**	Nur <u>Syrien, Libanon und Israel</u> grenzen ans Mittelmeer.
Riad ist die Hauptstadt von Saudi-Arabien und Abu Dhabi ist die Hauptstadt der Vereinigten Arabischen Emirate. Beide Länder liegen auf der arabischen Halbinsel.	**richtig** / **falsch**	**richtig**	Riad ist die Hauptstadt von Saudi-Arabien und Abu Dhabi ist die Hauptstadt der Vereinigten Arabischen Emirate. Beide Länder liegen auf der arabischen Halbinsel.
Sanaa ist die Hauptstadt des Jemen und Maskat ist die Hauptstadt von Oman. Beide Länder grenzen an den Pazifik.	**richtig** / **falsch**	**falsch**	Sanaa ist die Hauptstadt des Jemen und Maskat ist die Hauptstadt von Oman. Beide Länder grenzen an den <u>Indischen Ozean</u>.
Bagdad ist die Hauptstadt des Irak und liegt am Fluss Tigris. Teheran ist die Hauptstadt des Iran.	**richtig** / **falsch**	**richtig**	Bagdad ist die Hauptstadt des Irak und liegt am Fluss Tigris. Teheran ist die Hauptstadt des Iran.

© Verlag an der Ruhr | Autorin: Katrin Minner | ISBN 978-3-8346-2768-1 | www.verlagruhr.de

Klammerkarte

Von Nahost bis Fernost – Richtig oder falsch? (2/3)

✂

29b **Länder und Hauptstädte Zentral- und Südasiens**

Lösungen

Ist die Aussage richtig oder falsch?

Astana ist die Hauptstadt Kasachstans. Das Land liegt südlich Russlands und grenzt an die Ostsee.	richtig		Astana ist die Hauptstadt Kasachstans. Das Land liegt südlich Russlands und grenzt an das <u>Kaspische Meer</u>.
	falsch	falsch	
Taschkent ist die Hauptstadt Usbekistans. Alle fünf Nachbarländer enden auf „-stan".	richtig	richtig	Taschkent ist die Hauptstadt Usbekistans. Alle fünf Nach- barländer enden auf „-stan" (Kasachstan, Kirgisistan, Tadschikistan, Afghanistan und Turkmenistan).
	falsch		
Kabul ist die Hauptstadt von Afghanistan und Islamabad ist die Hauptstadt von Pakistan.	richtig	richtig	Kabul ist die Hauptstadt von Afghanistan und Islamabad ist die Hauptstadt von Pakistan.
	falsch		
Indiens Hauptstadt heißt Kalkutta.	richtig		Indiens Hauptstadt heißt <u>Neu-Delhi</u>.
	falsch	falsch	
Kathmandu ist die Hauptstadt von Nepal und Thimphu ist die Hauptstadt von Bangladesch.	richtig		Kathmandu ist zwar die Hauptstadt von Nepal, aber <u>Thimphu</u> ist die Hauptstadt von <u>Bhutan</u>. Bangladeschs Hauptstadt heißt Dhaka.
	falsch	falsch	
Sri Lanka und die Malediven sind Inselstaaten im Pazifischen Ozean.	richtig		Sri Lanka und die Malediven sind Inselstaaten im <u>Indischen Ozean</u>.
	falsch	falsch	

© Verlag an der Ruhr | Autorin: Katrin Minner | ISBN 978-3-8346-2768-1 | www.verlagruhr.de

Von Nahost bis Fernost – Richtig oder falsch? (3/3)

29c **Länder und Hauptstädte Ostasiens und Südostasiens**

Lösungen

Ist die Aussage richtig oder falsch?

Die Hauptstadt Chinas heißt Shanghai.	richtig		Die Hauptstadt Chinas heißt <u>Peking</u>.
	falsch	falsch	
Taiwan ist ein Inselstaat im Pazifischen Ozean. Seine Hauptstadt ist Taipeh.	richtig	richtig	Taiwan ist ein Inselstaat im Pazifischen Ozean. Seine Hauptstadt ist Taipeh.
	falsch		
Pjöngjang ist die Hauptstadt von Nordkorea und Seoul ist die Hauptstadt von Südkorea.	richtig	richtig	Pjöngjang ist die Hauptstadt von Nordkorea und Seoul ist die Hauptstadt von Südkorea.
	falsch		
Die Hauptstadt des Inselstaats Japan heißt Hongkong.	richtig		Die Hauptstadt des Inselstaats Japan heißt <u>Tokio</u>.
	falsch	falsch	
Bangkok ist die Hauptstadt Thailands. Das Land grenzt an Laos, Kambodscha, Malaysia und Myanmar.	richtig	richtig	Bangkok ist die Hauptstadt Thailands. Das Land grenzt an Laos, Kambodscha, Malaysia und Myanmar.
	falsch		
Kuala Lumpur ist die Hauptstadt von Malaysia, Jakarta ist die Hauptstadt von Indonesien und Hanoi ist die Hauptstadt der Philippinen.	richtig		Kuala Lumpur ist zwar die Hauptstadt von Malaysia und Jakarta die Hauptstadt von Indonesien, aber <u>Hanoi</u> ist die Hauptstadt von <u>Vietnam</u>. Die <u>philippinische Hauptstadt</u> heißt <u>Manila</u>.
	falsch	falsch	

© Verlag an der Ruhr | Autorin: Katrin Minner | ISBN 978-3-8346-2768-1 | www.verlagruhr.de

Klammerkarte

Südostasien im Länder-Sudoku

Lösung

Indonesien	Laos	Vietnam	Kambodscha	Philippinen	Singapur	Thailand	Malaysia	Brunei
Singapur	Kambodscha	Malaysia	Thailand	Brunei	Vietnam	Indonesien	Laos	Philippinen
Brunei	Philippinen	Thailand	Malaysia	Laos	Indonesien	Kambodscha	Vietnam	Singapur
Thailand	Vietnam	Laos	Singapur	Malaysia	Philippinen	Brunei	Kambodscha	Indonesien
Philippinen	Malaysia	Singapur	Brunei	Indonesien	Kambodscha	Vietnam	Thailand	Laos
Kambodscha	Brunei	Indonesien	Laos	Vietnam	Thailand	Philippinen	Singapur	Malaysia
Vietnam	Thailand	Brunei	Philippinen	Singapur	Laos	Malaysia	Indonesien	Kambodscha
Laos	Indonesien	Philippinen	Vietnam	Kambodscha	Malaysia	Singapur	Brunei	Thailand
Malaysia	Singapur	Kambodscha	Indonesien	Thailand	Brunei	Laos	Philippinen	Vietnam

(30) Südostasien im Länder-Sudoku

Schaffst du es, das Sudoku zu lösen?

Indonesien			Kambodscha	Philippinen	Singapur			Brunei
	Kambodscha		Thailand					
Brunei						Kambodscha	Vietnam	Singapur
Thailand	Vietnam							
	Malaysia					Vietnam		
Kambodscha			Laos					Malaysia
		Brunei					Indonesien	
		Philippinen				Singapur		
Malaysia	Singapur					Laos		Vietnam

© Verlag an der Ruhr | Autorin: Katrin Minner | ISBN 978-3-8346-2768-1 | www.verlagruhr.de

Mit dem Zug von Moskau zum Dach der Welt (1/2)

© Verlag an der Ruhr | Autorin: Katrin Minner | ISBN 978-3-8346-2768-1 | www.verlagruhr.de

Reiseplanungskarte

(31) Mit dem Zug von Moskau zum Dach der Welt

Bringe die Stationen der Zugreise in die richtige Reihenfolge und trage die Strecke in die Karte ein!

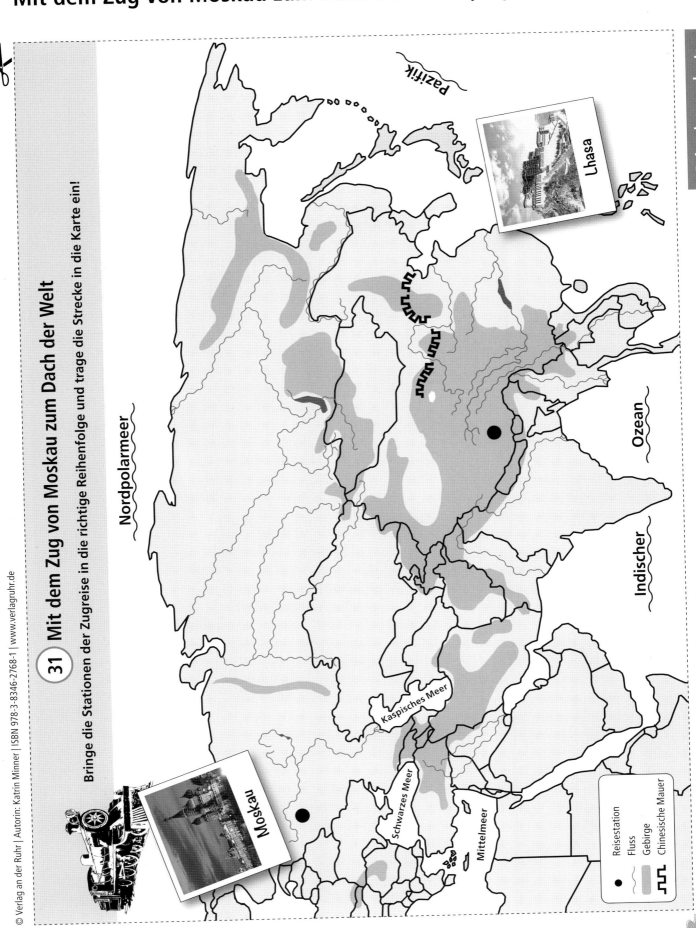

Pazifik

Lhasa

Nordpolarmeer

Ozean

Indischer

Kaspisches Meer

Schwarzes Meer

Moskau

Mittelmeer

Reisestation
Fluss
Gebirge
Chinesische Mauer

Mit dem Zug von Moskau zum Dach der Welt (2/2)

© Verlag an der Ruhr | Autorin: Katrin Minner | ISBN 978-3-8346-2768-1 | www.verlagruhr.de

Stationskarten

Die Reise beginnt: **Moskau**	Nächste Station: **Nishnij Nowgorod**	Nächste Station: **Kirow**	Nächste Station: **Perm**
→ Start in der russischen Hauptstadt mit der **Transsibirischen Eisenbahn** **Info:** Die „Transsib" ist die längste durchgehende Eisenbahnverbindung der Welt.	→ Überquerung der **Wolga** **Info:** Die Wolga entspringt nordwestlich von Moskau und mündet ins Kaspische Meer.	→ Überquerung der **Wjatka** **Info:** Die Wjatka fließt südlich von Kirow in die Kama, den größten Nebenfluss der Wolga.	→ Überquerung der **Kama** **Info:** Perm ist eine russische Stadt zwischen dem Kamastausee und dem Wotkinsker-Stausee.
Nächste Station: **Jekaterinburg**	Nächste Station: **Tjumen**	Nächste Station: **Omsk**	Nächste Station: **Nowosibirsk**
→ Überquerung des **Uralgebirges** **Info:** Der Ural ist die geografische Grenze zwischen Europa und Asien.	→ Zwischenstopp am Fluss **Tura** **Info:** In Tjumen befand sich während des Zweiten Weltkriegs ein Lager für deutsche Kriegsgefangene.	→ Überquerung des **Irtysch** **Info:** Der Fluss Irtysch entspringt in Nordwestchina, fließt durch Kasachstan und mündet in Russland in den Ob.	→ Überquerung des **Ob** **Info:** Nowosibirsk ist nach Moskau und Sankt Petersburg die drittgrößte Stadt Russlands.
Nächste Station: **Krasnojarsk**	Nächste Station: **Taischet**	Nächste Station: **Irkutsk**	Nächste Station: **Ulan Ude**
→ Überquerung des **Jenisej** **Info:** Der Jenisej entspringt im Grenzgebiet zur Mongolei und zerteilt Russland in zwei Hälften, bevor er ins Nordpolarmeer mündet.	→ Fahrt entlang des **Ostsajan-Gebirges** **Info:** Das Ostsajan-Gebirge erstreckt sich im Süden Sibiriens entlang der Grenze zur Mongolei.	→ um die Südspitze des **Baikalsees** **Info:** Der Baikalsee ist mit über 1600 m Wassertiefe der tiefste Süßwassersee der Erde.	→ Umstieg in die **Transmongolische Eisenbahn** **Info:** Die traditionelle „Transsib" verläuft von hier aus weiter nach Wladiwostok am Japanischen Meer.
Nächste Station: **Ulan Bator**	Nächste Station: **Datong**	Nächste Station: **Peking**	Nächste Station: **Xi'an**
→ Zwischenstopp in der **Hauptstadt der Mongolei** **Info:** Ab Ulan Bator verläuft die Strecke südwärts entlang der Wüste Gobi.	→ Querung der **Chinesischen Mauer** **Info:** Die Mauer wurde ab dem 7. Jh. v. Chr. erbaut, um das chinesische Kaiserreich vor den nomadischen Reitervölkern im Norden zu schützen.	→ Umstieg in den **Zug gen Südwesten** **Info:** Chinas Hauptstadt Peking war 2008 Austragungsort der Olympischen Sommerspiele.	→ Fahrt entlang des **Qin Ling-Gebirges** **Info:** Das Qin Ling stellt eine wichtige Wasserscheide zwischen den beiden großen Fluss-Systemen Chinas dar (Huang He und Jangtsekiang).
Nächste Station: **Lanzouh**	Nächste Station: **Xining**	Nächste Station: **Golmud**	Endstation: **Lhasa**
→ Überquerung des **Huang He** **Info:** Der Huang He (= „Gelber Fluss") ist der zweitlängste Fluss Chinas. Er entspringt im Kunlun Shan-Gebirge und mündet ins Gelbe Meer.	→ Umstieg in die **Tibet-Bahn** **Info:** Von hier aus geht es weiter westwärts ins Kunlun Shan-Gebirge, vorbei am riesigen Salzsee Qinghai Hu auf 3200 m Höhe.	→ südwärts durch das Quellgebiet des **Jangtsekiang** **Info:** Der Jangtsekiang ist mit 6380 km der längste Fluss Asiens. Er mündet ins Ostchinesische Meer.	→ Endstation im **tibetischen Hochland** – dem Dach der Welt **Info:** Lhasa ist die Hauptstadt des autonomen Gebiets Tibet im Südwesten Chinas. Sie liegt in 3600 m Höhe im Himalaya-Gebirge.

Asiens Berge kreuz und quer

32 Asiens Berge kreuz und quer

Welcher Berg gehört zu welchem Gebirge? Verbinde!

Berge	Gebirge
Mount Everest (8846 m ü. NN)	**Hindukusch** (Pakistan)
K2 (8610 m ü. NN)	**Tian Shan** (China)
Nanga Parbat (8126 m ü. NN)	**Maokegebirge** (Indonesien, West-Papua)
Tirich Mir (7690 m ü. NN)	**Kaukasus** (Russland)
Elbrus (5642 m ü. NN)	**Zagrosgebirge** (Iran)
Demawend (5604 m ü. NN)	**Mongolischer Altai** (Mongolei)
Bogda Feng (5445 m ü. NN)	**Ost-Himalaya** (Nepal/China [Tibet])
Ararat (5165 m ü. NN)	**Karakorum** (Pakistan/China)
Puncak Jaya (5030 m ü. NN)	**West-Himalaya** (Pakistan)
Kljutschewskaja Sopka (4750 m ü. NN)	**Jade-Gebirge** (Taiwan)
Zard Kuh (4547 m ü. NN)	**Elbrus-Gebirge** (Iran)
Tavan Bogd Uul (4362 m ü. NN)	**Armenisches Hochland** (Türkei)
Kinabalu (4101 m ü. NN)	**Yunnan-Gebirge** (Vietnam)
Yu Shan (3951 m ü. NN)	**Kamtschatka-Gebirge** (Russland)
Saramati (3824 m ü. NN)	**Okuchichibu-Gebirge** (Japan)
Kerinci (3805 m ü. NN)	**Crocker-Gebirge** (Malaysia, Insel Borneo)
Fan Si Pan (3143 m ü. NN)	**Patkaigebirge** (Indien/Myanmar)
Asahi Dake (2290 m ü. NN)	**Barisangebirge** (Indonesien, Insel Sumatra)

© Verlag an der Ruhr | Autorin: Katrin Minner | ISBN 978-3-8346-2768-1 | www.verlagruhr.de

Zuordnungskarte

Eine Abenteuer-Rätselreise quer durch Australien

(33) **Eine Abenteuer-Rätselreise quer durch Australien**

Verfolge die verschiedenen Stationen im Atlas und trage sie in die Felder ein!

Rätselkarte

Du startest in der Hauptstadt Australiens:

[9 | | | | | | |]. Von dort wanderst du südwestlich entlang der Great Dividing Range, über den höchsten Berg Australiens, den Mount

[3 | | | | | | |], bis zu einer großen Stadt:

[11 | | | | | | | |]. Hier machst du per Schiff einen Abstecher auf eine Insel, den südlichsten Bundesstaat Australiens: [| | | 18 | | | | |].

Zurück auf dem Festland überquerst du die Great Dividing Range und steigst nördlich davon ins Kajak, um den Grenzfluss zwischen den Bundesstaaten Victoria und New South Wales,

den [| | 2 | |], gen Westen zu befahren. Kurz bevor er ins Meer mündet, fährst du per Anhalter in die westlich gelegene, große Stadt:

[| | | | 8 | |]. Dort mietest du einen alten VW-Bus und fährst durch die Nullarborebene. Links von dir liegt dabei die Große Australische Bucht. Schließlich erreichst du im Westen des

Kontinents die Stadt [| | 19 | |]. Sie liegt am Indischen Ozean. Von dort aus geht es nach Nordnordost bis zur Hamersleykette. Hier

besteigst du den Mount [| | 16 | |], von dessen

Gipfel du über die [| | 4 | |]-Wüste im Osten schauen kannst. Du fährst weiter nach

Norden und folgst dann dem Küstenverlauf bis zur Mündung des Flusses Fitzroy. Nun geht es weiter gen Osten, bis zu einem Fluss mit einem

Mädchennamen: [7 | | | | | |]. Er ent-

springt in der [| 14 | | |]-Wüste. Ganz im Norden des Kontinents erreichst du die Stadt

[| | | 15 | | |]. Von hier aus stichst du in die Arafurasee und segelst dann in den

[| | | 17 | | | |]-Golf. An der Mündung des Roper gehst du wieder an Land und lässt dich südwärts ins Outback mitnehmen, bis du in der Mitte des Kontinents die Stadt

[| 13 | | | | | | | |] erreichst. Nach

einem Ausflug zum [| | | | 12 | |], auch Uluru genannt, fliegst du nach Westen über die

[| | | 5 | |]-Wüste hinweg, änderst dann den Kurs auf Nordwest und landest schließlich an

der Küste in [10 | | | | | | | |]. Hier darf

natürlich ein Tauch-Ausflug zum [| | 1 | |]

[| | | | | |] Reef in der Korallensee nicht fehlen. Dann geht es per Anhalter wieder südwärts die Küste entlang, durch

[| | | | | 6 | |] bis nach [| | | 20 | |], wo du deine Reise mit einer Klettertour auf der Harbour Bridge beendest.

Outback

Lösungswort: [| | | | | |] [| | | | | | | | | | | | | |]
1 2 3 4 5 6   7 8 9 10 11 12 13 14 15 16 17 18 19 20

Lösungswort: G R O S S E V I C T O R I A W U E S T E

© Verlag an der Ruhr | Autorin: Katrin Minner | ISBN 978-3-8346-2768-1 | www.verlagruhr.de

Ozeanien – Siehst du, was ich sehe?

34 Ozeanien – Siehst du, was ich sehe?	Palau (auch Belau)	Marianen (zu den USA)
Mikronesien	Bikini-Atoll	Marshall-Inseln
Hawaii (zu den USA)	Papua-Neuguinea	Salomonen
Nauru	Tuvalu	Kiribati
Kiritimati/ Christmas-Inseln	Vanuatu	Fidschi
Samoa	Tonga	Freundschafts- inseln
Cook-Inseln (zu Neuseeland)	Bora Bora (zu Frankreich)	Tahiti (zu Frankreich)
Neukaledonien (zu Frankreich)	Neuseeland	Bounty-Inseln (zu Neuseeland)

© Verlag an der Ruhr | Autorin: Katrin Minner | ISBN 978-3-8346-2768-1 | www.verlagruhr.de

Aufgedeckt: Länder der Welt im Umriss-Rätsel (1/2)

Spielkarten

(35) Aufgedeckt: Länder der Welt im Umriss-Rätsel

Deutschland

Norwegen

Großbritannien

Frankreich

Spanien

Italien

Österreich

Türkei

Kasachstan

Indien

China

Aufgedeckt: Länder der Welt im Umriss-Rätsel (2/2)

Thailand

Australien

Neuseeland

USA

Mexiko

Peru

Brasilien

Ägypten

Mali

Somalia

Namibia

Madagaskar

Feuer speiende Berge rund um die Welt

Verortungskarte

36 Feuer speiende Berge rund um die Welt

Könnt ihr die Vulkane topografisch richtig verorten? Tragt sie in die Karte ein!

Hinweiskarten

Ätna

Schichtvulkan

Der Ätna ist ca. 3350 m ü. NN hoch und befindet sich in Italien. Er ist der höchste und aktivste Vulkan Europas und bricht immer wieder aus.

Cotopaxi

Schichtvulkan

Der Cotopaxi in Ecuador ist einer der höchsten (5897 m ü. NN) und aktivsten Vulkane der Erde (letzter Ausbruch: 1940).

Eyjafjallajökull

Schildvulkan

2010 wurde wegen des Ausbruchs des vergletscherten isländischen Eyjafjallajökull der gesamte Flugverkehr in Nord- und Mitteleuropa eingestellt.

Fuji

Schichtvulkan

Der 3776 m ü. NN hohe Fuji ist ein potenziell aktiver Vulkan auf der japanischen Insel Honshu (letzter Ausbruch: 1707).

Kilimandscharo

Schichtvulkan

Der potenziell aktive Vulkan Kilimandscharo (letzter Ausbruch: ca. 1700) ist mit 5895 m ü. NN der höchste Berg des afrikanischen Kontinents.

Krakatau

Vulkaninsel

Bei seinem Ausbruch 1883 explodierte er vollständig. An seiner Stelle wächst jetzt als „Kind des Krakatau" ein neuer Vulkan aus dem Meer zwischen den indonesischen Inseln Sumatra und Java.

Merapi

Schichtvulkan

Der Merapi nahe Yogyakarta auf der Insel Java gilt als aktivster Vulkan Indonesiens. Gefährlich sind v. a. die bis zu 800° C heißen Gas- und Aschewolken, die seine Flanken hinabrasen.

Mount Saint Helens

Schichtvulkan

Der Mt. St. Helens liegt im US-Bundesstaat Washington. Bei einem Ausbruch 1980 stürzte der Gipfel zusammen, sodass der Vulkan heute statt 2950 nur noch 2549 m ü. NN misst.

Pinatubo

Schichtvulkan

Der Pinatubo befindet sich auf den Philippinen im Zentrum der Insel Luzon. Er ist 1486 m ü. NN hoch und in seinem Krater hat sich nach einer großen Eruption 1991 ein See gebildet.

Popocatépétl

Schichtvulkan

Der Popocatépétl (5462 m ü. NN) ist ein sehr aktiver Vulkan in Zentralmexiko, nur 70 km entfernt von Mexiko-Stadt. Sein Name kommt von den Azteken und bedeutet „stark rauchender Berg".

Stromboli

Vulkaninsel

Der Stromboli ragt westlich von der italienischen Stiefelspitze als Insel aus dem Mittelmeer. Der Krater befindet sich 926 m ü. NN und spuckt regelmäßig Lava-Fontänen aus.

Vesuv

Schichtvulkan

Der Vesuv (1277 m ü. NN) ist ein aktiver Vulkan am Rand der italienischen Stadt Neapel. Während eines großen Ausbruchs 79 n. Chr. begruben seine Lavaströme die Stadt.

Segeltörn durch die Weltmeere

Reiseetappen-Karten

Atlantischer Ozean	Atlantischer Ozean	Atlantischer Ozean	Panama-Kanal	Panama-Kanal	Panama-Kanal
Atlantischer Ozean	Pazifischer Ozean	Pazifischer Ozean	Panama-Kanal	Straße von Mosambik	Straße von Mosambik
Pazifischer Ozean	Pazifischer Ozean	Indischer Ozean	Straße von Mosambik	Straße von Mosambik	Beringstraße
Indischer Ozean	Indischer Ozean	Indischer Ozean	Beringstraße	Beringstraße	Beringstraße
Nordpolar-meer	Nordpolar-meer	Nordpolar-meer	Bosporus	Bosporus	Bosporus
Schwarzes Meer	Schwarzes Meer	Mittelmeer	Bosporus	Bosporus	Straße von Gibraltar
Mittelmeer	Mittelmeer	Mittelmeer	Straße von Gibraltar	Straße von Gibraltar	Straße von Gibraltar
Rotes Meer	Rotes Meer	Rotes Meer	Straße von Gibraltar	Suezkanal	Suezkanal
Ostsee	Ostsee	Nordsee	Suezkanal	Suezkanal	Ärmelkanal/ Straße von Dover
Nordsee	Nordsee	Nordsee	Ärmelkanal/ Straße von Dover	Ärmelkanal/ Straße von Dover	Ärmelkanal/ Straße von Dover
Golf von Mexiko	Golf von Mexiko	Golf von Mexiko	Floridastraße	Floridastraße	Floridastraße
Karibisches Meer	Karibisches Meer	Karibisches Meer	Straße von Yucatan	Straße von Yucatan	Straße von Yucatan

© Verlag an der Ruhr | Autorin: Katrin Minner | ISBN 978-3-8346-2768-1 | www.verlagruhr.de

Anpfiff weltweit: Jetzt wird's sportlich!

38 Anpfiff weltweit: Jetzt wird's sportlich!

Erstelle aus den unten stehenden Informationen eine thematische Karte – wann fanden wo die Fußball-Weltmeisterschaften statt?

Austragungsländer der Fußball-Weltmeisterschaft

⚽ 1930: Uruguay
⚽ 1934: Italien
⚽ 1938: Frankreich
⚽ 1950: Brasilien

⚽ 1954: Schweiz
⚽ 1958: Schweden
⚽ 1962: Chile
⚽ 1966: England

⚽ 1970: Mexiko
⚽ 1974: Deutschland
⚽ 1978: Argentinien
⚽ 1982: Spanien

⚽ 1986: Mexiko
⚽ 1990: Italien
⚽ 1994: USA
⚽ 1998: Frankreich

⚽ 2002: Japan und Südkorea
⚽ 2006: Deutschland
⚽ 2010: Südafrika
⚽ 2014: Brasilien

⚽ 2018: Russland
⚽ 2022: Katar

Austragungslandkarte

Sehenswürdigkeiten der Welt im Städte-Memory® (1/2)

(39) Sehenswürdig-
keiten
der Welt im
Städte-Memory®

Freiheitsstatue

New York

Brandenburger Tor

Berlin

Felsendom

Jerusalem

Christusstatue

Rio de Janeiro

Eiffelturm

Paris

Pyramiden

Giseh

Tadsch Mahal

Agra

Big Ben

London

Golden Gate Bridge

San Francisco

Basilika „Sagrada Família"

Barcelona

Tempelanlage „Borobudur"

Yogyakarta

Große Moschee aus Lehm

Djenné

Opernhaus

Sydney

© Verlag an der Ruhr | Autorin: Katrin Minner | ISBN 978-3-8346-2768-1 | www.verlagruhr.de

Sehenswürdigkeiten der Welt im Städte-Memory® (2/2)

Memory®-Karten

Tempelanlage „Angkor Wat"

Siem Reap

Atomium

Brüssel

Königspalast

Bangkok

Hagia Sophia

Istanbul

Petersdom

Vatikanstadt

Auferstehungskirche

Sankt Petersburg

United States Capitol

Washington

Ruinenstadt „Machu Picchu"

Cusco

Sehenswürdigkeiten-Kontrollstreifen:

- <u>Agra</u>: Tadsch Mahal
- <u>Bangkok</u>: Königspalast
- <u>Barcelona</u>: Basilika „Sagrada Família"
- <u>Berlin</u>: Brandenburger Tor
- <u>Brüssel</u>: Atomium
- <u>Cusco</u>: Ruinenstadt „Machu Picchu"
- <u>Djenné</u>: Große Moschee aus Lehm
- <u>Giseh</u>: Pyramiden
- <u>Jerusalem</u>: Felsendom
- <u>Istanbul</u>: Hagia Sophia
- <u>London</u>: Big Ben

- <u>New York</u>: Freiheitsstatue
- <u>Paris</u>: Eiffelturm
- <u>Rio de Janeiro</u>: Christusstatue
- <u>San Francisco</u>: Golden Gate Bridge
- <u>Sankt Petersburg</u>: Auferstehungskirche
- <u>Siem Reap</u>: Tempelanlage „Angkor Wat"
- <u>Sydney</u>: Opernhaus
- <u>Vatikanstadt</u>: Petersdom
- <u>Washington</u>: United States Capitol
- <u>Yogyakarta</u>: Tempelanlage „Borobudur"

© Verlag an der Ruhr | Autorin: Katrin Minner | ISBN 978-3-8346-2768-1 | www.verlagruhr.de

Kontrollstreifen

Weltkarten-Puzzle

© Verlag an der Ruhr | Autorin: Katrin Minner | ISBN 978-3-8346-2768-1 | www.verlagruhr.de

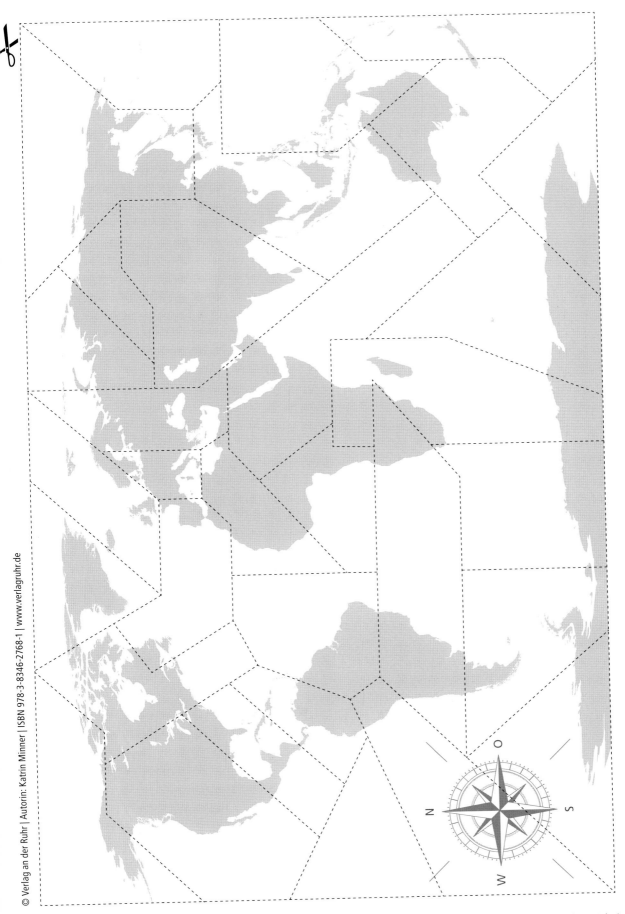

Puzzleteile

Verlag an der Ruhr

Mehr Motivation und Abwechslung im Unterricht
99 Methoden zur Schüleraktivierung
Kl. 5–13, 144 S., 17 x 24 cm, mit bearbeitbaren Vorlagen zum Download
Best.-Nr. 978-3-8346-2328-7

Das erste Mal ... im Lehrerberuf
Die wichtigsten Herausforderungen sicher meistern
Kl. 1–13, 166 S., 17 x 24 cm
Best.-Nr. 978-3-8346-2389-8

YoBEKA – Yoga, Bewegung, Entspannung, Konzentration, Achtsamkeit
Übungsmodule für die Sekundarstufe
Kl. 5–13, 144 S., A4
Best.-Nr. 978-3-8346-2530-4

Cool down!
Entspannungs- und Konzentrationsübungen im Schulalltag
Kl. 5–13, 136 S., 16 x 23 cm
Best.-Nr. 978-3-8346-0661-7

Wie Sie Ihre Pappenheimer im Griff haben
Verhaltensmanagement in der Klasse
Kl. 1–13, 292 S., 16 x 23 cm
Best.-Nr. 978-3-8346-0756-0

„Unsere Tochter nimmt nicht am Schwimmunterricht teil!"
50 religiös-kulturelle Konfliktfälle in der Schule und wie man ihnen begegnet
Kl. 1–13, 192 S., 16 x 23 cm, zweifarbig
Best.-Nr. 978-3-8346-0969-4

111 Ideen für das 5. Schuljahr
Vom Kennenlernspiel bis zur richtigen Heftführung
Kl. 5, 184 S., 16 x 23 cm
Best.-Nr. 978-3-8346-0892-5

In heterogenen Klassen alle erreichen
Strategien für motivierenden Unterricht und nachhaltigen Lernerfolg
Kl. 5–13, 264 S., 17 x 24 cm, mit bearbeitbaren Vorlagen zum Download
Best.-Nr. 978-3-8346-2615-8

An der Brennpunktschule – was nun?
Best-Practice-Beispiele für den Umgang mit besonderen Herausforderungen
Kl. 5–10, 168 S., 17 x 24 cm
Best.-Nr. 978-3-8346-2616-5

Zeitmanagement im Lehrerberuf
Effektive Strategien für einen organisierten (Schul-)Alltag
Kl. 1–13, 144 S., 17 x 24 cm
Best.-Nr. 978-3-8346-2509-0

Schnelles Eingreifen bei Mobbing
Strategien für die Praxis
Kl. 1–13, 128 S., 16 x 23 cm
Best.-Nr. 978-3-8346-0450-7

Das interaktive Whiteboard im Klassenzimmer – und jetzt?
Informationen und Einsatzmöglichkeiten
Kl. 1–13, 99 S., 16 x 23 cm, farbig
Best.-Nr. 978-3-8346-0901-4